現代社会とキリスト教

今日の視点から読む聖書

堀　剛
Hori Takeshi

社会評論社

はじめに

　キリスト教における、イエスの十字架と復活、罪の購いの教義は、それが事実性に根拠を持つことがらとして宣教されてきた歴史を持っている。それゆえ、キリスト教はどうしても、イエスの史的事実性にこだわらざるを得ないという側面を持ち合わせている。聖書全体への信憑性ということについても同様のことが言える。たとえば、科学者がノアの箱船と大洪水の物語の事実性を立証しようとしたり、イエスの実像を、人類学的な観点から、コンピュータ・グラフィックを使って再現しようとするような、私には滑稽とも思えるような取り組みも、聖書の事実性と絶対性を主張したいという聖書絶対主義、あるいは聖書中心主義が生み出した産物であると思う。

　そのような考え方は、現代では、史的イエス探求についてのみ見ても、限界に行き着いていると言ってよいだろうし、既に、西洋思想においても淘汰されていると言ってよいと思う。たとえば、キェルケゴールは『哲学的断片』の「第三章　絶対的逆説」中で、次のように言っている。「神が現に存在しないなら、その存在を証明しようというのは不可能なことであるし、逆に、神が現に存在するのであれば、それを証明してみせようというのは愚かな業にほかならない」。そして、彼は、「信仰は認識とは違う」と言い切っている。

　たとえ、史的イエスを解明することができたとしても、事実性は信仰とは異なるし、信仰は認識とも異なるのである。また、聖書のテキストであっても、それは一つの客体としてのテキストとしてしか現前しないのである。それゆえ、聖書、特に福音書における史的事実性へのこだわりから、私は脱却したいと思うようになった。もっと、体験的なもの、あるいは身体的と言って良いかもしれない。そのような領域にこそ、宗教は成立するのであり、宗教は体験的なものであると思うようになった。もっとも、このテーマには、ほとんど本書では触れることはなかったが、そのような考え方を持つ私が、キリスト教を人に伝えるうえで、どうしても提示したいと思った事柄を整理しようとしたのが本書である。よって、私の個人的な思考の一つのプロセスに本書は位置している。

特に、第二章では、聖書神学関連の事項を取り扱っている。これは、私には荷が重い作業であった。史的イエス探求の限界を確認するために、やむなく手を染めたものである。もっとも、最終章「聖典からの脱却」においては、私が抱えてきた問題意識を整理し、神学というものを信仰の中でどのように位置づけるべきかということについて、私なりの考えを述べたつもりである。「聖典からの脱却」、それは私の宗教的模索と願望を表したものである。それは、まだまだ願望の域を越えるものでは、けっしてない。本書を書き上げた今となっては、更なる脱却に向けて次の飛翔を志向したいと思う。

本書をお読みいただく読者が、もし、聖書をまだそれほど読まれたことがないというのならば、是非とも、第三章「今日の視点から読む聖書」を、福音書の本文と共にお読みいただければと思う。これは、私が教会の中で、牧師として語ったことを要約したものである。そして、次に序章、第一章、第二章と第四章とお読み頂ければと思う。もともと、第一章、二章は、私が大学でキリスト教について講義した内容をテキスト化したものでもある。これから、更に聖書を深く学ぼうとされる方は、是非とも、適切な聖書辞典と注解書を傍らに、自分で聖書自体を読み進められるようにお勧めしたく思う。

本書をして、聖書とは何かという一つの問いを投げかけることができたならば、それは幸いなことであるが、それよりも、私自身の信仰を自らに整理すること以上のものを、本書は持ち合わせることもできない未熟さを引きずったかもしれない。

執筆にあたっては、本書全体に適切な助言をしていただいた日本キリスト教団牧師である桑原重夫氏に心から感謝を述べたい。桑原氏の著作引用等にも快諾をいただき、本書の議論の展開に大きな示唆を与えられた。

また、私が単立香川キリスト教会において行った説教の丹念な毎回のテープ起こしの作業があってこそ、第三章の執筆が可能となった。この作業を継続していただいている片山堯氏に改めてお礼申し上げたい。

社会評論社　松田健二社長には、ひとかたならずお世話になった。まったく、まとまりのなかった下書き原稿の段階で、本書出版を快諾いただいたにもかかわらず、長期の時間を要してしまったのは、私の怠慢以外の何ものでもなかった。それをじっと見守っていただいた寛容に深く感謝を述べたい。

そして、本書を書き上げるために、励ましの言葉を投げかけてくれた同僚や取材に協力していただいた多くの方々に、深く感謝を申し上げたい。

著　者

現代社会とキリスト教／目　次

序章

神学という言葉は英語ではセオロジー（Theology）である。これはギリシャ語のセオス（神）とロゴス（言葉）という単語がつながって出来ている言葉である。ロジー（-logy）という語尾は、テクノロジー（工学）やバイオロジー（生物学）、最近ではジャパノロジー（日本学）などという造語にもあるように、すべてロゴス（言葉）というギリシャ語から派生したものである。一般に、日本語では「論」という訳が使われる。

本書はキリスト教についての基礎的な知識を得るために、まず、福音書のイエスをどのように理解し、イエスの奇跡物語をどのように理解するかということを念頭においている。冷静に、聖書とは何であるのかを考えることなくしては、信仰もまた迷路にはまってしまうものだと筆者は考えている。その意味で、聖書を学ぶための前提になる事柄をできるだけ提示したいと考える。

また、教会の中で、聖書が信仰の指針として読まれる場合にも、少なくとも前提として踏まえたいと思われる事柄から見て行きたい。

一　日本人と宗教

英語で"Oh, My God."という言葉がある。これをそのまま翻訳すれば「ああ、神様」となる。しかし、この言葉の意味が、正確には「ああ、神様」のような、神にすがるような言葉ではないことは言うまでもない。たとえば、映画などで、このような台詞が語られる場面を見ると、まるで怒っているかのように、この言葉が語られていたりする。そのまま、日本語を何でもいいから入れて吹き替えをするというなら、「しまった」とか、「くそっ」というような言葉を当てはめてもよいような映画の場面も結構多い。"Oh, My God."という言葉は、あるアメリカ人に言わせると悪い言葉であると言っていた。どうしてかと言えば、これは神に向かって不平を言う言葉だからという。

ところで、もし日本人が「ああ、神様」と言ってみるとすれば、これはけっして神に不平を言うような意味とは思われないだろう。この違いは興味深いと思う。ここにも宗教的な文化の違いがあるのではないだろうか。日本人の場合には、神を普段は意識してもいないのに、急に困った時の神頼みということで、「ああ、神様」と言う場合はあるかも知れないが、逆に、英語圏の人々の場合には、取り立てて信仰があろうがなかろうが、「神」という言葉が異なるニュアンスで出てくるのである。それが不平を述べたものだとしても、"Oh, My God."というのは、やはり、神が存在しているという前提がどこかにあってこそ、使われる言葉だという気がする。それは良い意味で理解すれば、神に向かって、どうしてこんな目に遭わせられるのですか、という問いかけだとも言えるだろう。

日本人の宗教観の特質を説明する場合に、よく論じられるものにシンクレティズム（syncretism）がある。それは、宗教の習合を意味するものとして使われ、重層信仰などと訳されたりもする。たとえば、普通の日本人は、意識としてはいかに無宗教だと自分では言っていても、仏教と神道の慣習には従っているという人が多い。その結果、一人で複数の宗教に関わっていることになり、重層の信仰を持って生きていると言える。

統計上からもこれは裏付けされている。日本の諸宗教の人口を合計すれば、人口の約一億二千万人をはるかに越えて、日本の宗教人口は二億一千万人にまで達している。これは数字のトリックというよりは、実際に多くの人々がお正月には神社へ行き、お盆にはお墓で線香をあげる。さらに結婚式はキリスト教、葬式は仏教というように宗教を使い分けるという、外国では考えられない複数の宗教との関わり方を一人の人が持っている結果である。それは日本人が一人で複数の宗教を信じているというよりは、複数の宗教の儀式や慣習を受容していることから起こっている。もちろん、その前提にあるのは、日本人の宗教観がきわめて多神教的であることに起因しているのだと思われる。

それが日本人の良い面であって、今日のパレスチナ問題のような複雑な宗教がらみの問題は日本人には起こらないとか、宗教はだから問題なのだという日本人も多い。しかし、これらは慎重に考えねばならないことがらである。なぜなら、日本に天皇制が存在する限り、一神教における行き過ぎた部分を批判する資格はないと思われるからだ。

二　キリスト教は西洋の宗教であるのか

映画『マルコムX』が一〇年ほど前に放映された。マルコムXというのは、一九六〇年代に暗殺されたアメリカのケネディ大統領やマルチン・ルーサー・キング牧師と同世代の人物の名であり、黒人解放のために働いたイスラム教の宗教家である。彼の父は黒人の牧師であったが、白人の民族主義者によって殺され、マルコムXは不幸な境遇の中で育った。そんな彼は若い頃に犯罪を犯し、刑務所に入り、そこでイスラムの信仰に目覚めたのである。映画の中に、マルコムXが刑務所にやってくる白人の牧師に向かって、イエスの肌の色を尋ねる場面があった。すると、牧師はイエスの肌の色は正確には分かっていないのであって云々と、言葉を詰まらせてしまう。一見、その場面は、ただ白人の牧師をからかっているものとして描かれているようであるが、実際、イエスは白人であったはずがない。(参照、Michael Armitage., Jesus Loves Brixton Too――Practical Christianity in the Inner City, p. 34f, Marshall Pickering.)。イエスはユダヤ人であったが、現代のユダヤ人は長い離散の歴史において混血化が進んだのは言うまでもない。イエスが白人でなかったのは当然のことである。イエスはパレスチナのガリラヤ地方に生きた人である。イエスが西洋的な顔立ちの白人であったというのは映画や絵画の世界でしかない。レオナルド・ダ・ビンチなどの絵には白人のイエスが描かれているが、これは西洋の文化が生み出したイエス像でしかない。

たとえば、インドのキリスト者に話を聞いてみると、キリスト教はアジアの宗教だと言い切る。インドのケララ州では、イエスの弟子トマスがイエスの死後、すぐに布教に訪れたと信じられている。インドにはプロテスタントの教会もあるが、特にインド正教会が存在し、いわゆる東方教会に属する伝統を維持している。また、マドラスには聖トマス教会があり、トマスの遺体が納められていると言われている棺が安置されている。トマス殉教の丘へ行けば、十字架に付けられたトマス像がそびえ立つ。インド正教会の信徒ばかりか、プロテスタントの人々にとっても、インドはイエスの弟子トマスが宣教した地であり、そのことを誇りに思っている。そして、インドのキリスト者が、キリスト教はアジアの宗教であり、イエスは黒人であったと信じているのは言うまでもない。

さて、次の二つの統計を見てみよう。

(1)の統計では、世界の各宗教人口が分かる。そして、(2)では、キリスト者がどの大陸に分布しているかが示されている。一般にはキリスト教が西洋の宗教であると考えられているように、ヨーロッパには二七・二パーセントと一番キリスト者が多いと言える。ところが、次に多いのはどこかと言えば、ラテン・アメリカの二五・三パーセントである。その次がアフリカの一五・三パーセントである。すると、ラテン・アメリカとアフリカの合計は四〇・六パーセントにも達する。また北部アメリカの一四・七パーセントには黒人クリスチャンの人口が含まれている。

このような統計を見るだけでも、キリスト教が西洋の宗教であるとか、白人の宗教であるという常識がいかにいい加減なものであるかが分かる。またヨーロッパにおいても、実質的には複合民族国家

(1) 世界諸宗教人口と割合（1985年現在）

宗　教	信　徒　数	人　口　比
キリスト教徒	1,548,592,187人	32.4%
イスラム教徒	817,065,219	17.1
ヒンズー教徒	647,567,465	13.5
仏　教　徒	295,570,780	6.2
中国系宗教信徒	187,994,026	3.9
新宗教信徒	106,317,600	2.2
部族宗教信徒	91,130,380	1.9
ユダヤ教徒	17,838,060	0.4
シャーマニスト	12,165,480	0.3
シク教徒	16,146,890	0.3
儒教信徒	5,207,000	0.1
神道信徒	3,163,560	0.1
無宗教者	805,784,853	16.9
無神論者	210,643,540	4.4
そ　の　他	15,936,935	0.3
世界の総人口	4,781,123,975	100.0

(2) 世界8大陸地域別キリスト教徒（1985年現在）

大陸地域名	信　徒　数	人　口　比
東アジヤ	22,324,690人	1.4%
南アジヤ	125,914,645	8.1
ヨーロッパ	420,926,340	27.2
旧ソビエト	102,168,000	6.6
アフリカ	236,278,850	15.3
北部アメリカ	227,237,570	14.7
ラテンアメリカ	392,204,600	25.3
オセアニヤ	21,537,492	1.4
世界の総信徒数	1,548,592,187	100.0

（1986年10月発行，世界キリスト教百科事典を参照して作成）

が存在することはいうまでもない。

たしかに、西洋から十字軍が出るなど、キリスト教は西洋中心主義の思想的核であった歴史を持っているが、それは西洋中心の世界観によってキリスト教を見た場合のことである。もともと、一般にカトリック（普遍という意味）と呼んでいるものにも、ローマ・カトリック教会とギリシャ正教会の二つの大きく異なる文化の二大潮流があることを忘れてはならない。ギリシャ正教の流れにある教会は、すでに紹介したインド正教会もあり、ロシア正教会、あるいはエチオピア正教会などもそうである。また、中世の神学者アウグスティヌス（AD三五四-四三〇）は、ラテン語で著作を残したが、北アフリカのタガステの生まれであり、白人ではなかった。『教理講話』、『純潔論』などを著し、ギリシャ教父としてニッサの主教をつとめたグレゴリオス（AD三三〇頃-三九四頃）はカパドキアのカイザリア出身であった。

現代では、カトリックの「解放の神学」や韓国の「民衆の神学」の立場の人々、あるいはアメリカ合衆国の「黒人の神学」の立場の人々は、それぞれに独自の神学を展開している。そこに共通しているのは、キリスト教は支配階級であった白人のためだけの宗教ではなく、すべての抑圧されている側の宗教であるという認識である。これらの神学がただ人為的に新しく考え出された主張であるというよりは、そもそも、キリスト教が世界宗教という大きな広がりを持っていたことを考えるならば、むしろ本来的な考え方であると思われる。また、イエスの生き方を聖書から読みとっていけば、真の意味で人間を解放する側に立つキリストの生き方を見出すことができるし、キリスト教が抑圧された側の宗教であるという考え方が支持されるのも当然であろう。

三　神学とは何か

神学という学問には、その言葉の響きから、まるで神についての神秘的で、空想的なもののような感じすら抱かれる読者も少なくないであろう。しかし、その学問の内容は、どこの大学でも関連した内容が研究されているのである。たとえば、歴史神学と言っても、キリスト教の二千年の歴史を見るわけであるから、随分幅が広いものであり、どこの国のどの時代を見るかによって、内容が多岐に分かれる歴史学ということでしかない。

日本のプロテスタント・キリスト教史について言えば、一八五九年（安政六年）に、日本に初めてのプロテスタント宣教師が来日した頃から、プロテスタント教会史を考えることになる。この幕末の時代はキリスト教厳禁の時代であったが、一八七三年（明治六年）にキリスト教が明治新政府によって解禁となった。こうした日本のプロテスタントの歴史を見るだけでも、近代日本の政治状況の研究と内容が重なってくるのである。もちろん、近代日本史ならば、特にミッション系の大学でなくとも講義や研究がなされている。ただ、神学と言った場合には、その宗教的側面が特にクローズ・アップされているという違いでしかない。要するに、歴史神学は、他のどの学問も、理性的かつ論理的探求を旨とするように、その方法論においては同質のものである。

聖書神学においては、大別して新約聖書神学と旧約聖書神学の二分野がある。新約学はギリシャ語原典の新約聖書の研究であり、旧約学はヘブル語の旧約聖書を研究する。どちらも文献学のような側面に加えて、パレスチナを中心とする地中海世界の歴史へ視点が向けられる。それぞれの原典のテキストがいつ、誰によって、どのような意図によって書かれたかということが聖書の読解を行う上で必要であり、時代背景等の研究も欠くことができない。また、原典を読む上で、読解とは何か、解釈とは何か、ということが問われることとなり、解釈学という哲学の一分野にも隣接した研究なども必要となる。

組織神学は教義を研究することを目的とするものであるが、日本では哲学的な議論として神の存在の問題を扱う場合にも、そのような学問分野を組織神学と呼んでいる場合が多い。アメリカの神学校では、哲学との隣接領域となるような神学分野を一般に哲学的神学と呼んでいる。これは特に哲学的な議論と絡めて神学を見ようとする分野である。しかし、日本では哲学的神学という分野は、組織神学の中に含めて分類されているのが一般的である。

四　哲学と神学

哲学と神学の関係であるが、中世期ヨーロッパ（九世紀頃から一五世紀頃まで）では、「哲学は神学の侍女である」と言われた。神学は哲学の上位に位置する学問と考えられたのである。西洋の哲学の歴史を見れば分かるが、哲学が神学から分離したものとして発達するのは、一六世紀の英国経験論や近代合理主義の哲学以降のことであると言える。

そもそも哲学の歴史は、ソクラテス以前の哲学に始まり、ソクラテス、プラトン、アリストテレスというような人物によって、いわゆるギリシャ哲学の骨格が形成された。そのようなギリシャ哲学が西洋に入ったのは一一世紀末から一三世紀後半の十字軍の遠征以後のことである。イスラム圏に遠征した十字軍が、ギリシャ哲学をヨーロッパに持ち帰ったのである。もっとも、西洋のカトリック教会はギリシャ哲学を公認しようとはしなかったが、しだいに神学もその影響を受けるようになった。そして、やがては哲学は神学を離れて、近代においては独立した学問として成立していったのである。

では、現代の哲学的神学と言えば、どのような内容のものであるのか。それを少しだけ紹介したい。もっとも、神学という言葉の響きから、かなり観念的な学問であり、それは神の存在を肯定した上でのみなされる議論だと一般には思われているかも知れない。しかし、実際には、そのような仮説やドグマによって立つものばかりが神学ではない。たとえば、神の存在を語るということは、その語りの量だけ、神の非存在あるいは不在についても語らねばならない。そうなると、ただ神の存在を信じているというだけの話ではなく、広い意味では、無神論も神について考える学問であり、これもまた哲学的神学の中の一分野であるという言い方すら可能である。

一九六〇年代アメリカには、一世を風靡した「神の死の神学」という神学的立場があった。これは一見、無神論的にすら見られる神学であった。その基本的立場は、ニーチェの『ツァラトゥストラはかく語りき』の中の「神は死んだ」という言葉に影響を受けていた。また、一九六〇年代ベトナム戦争期のアメリカ社会において、若者がやがて戦場へと向かわねばならないという状況の中で、神がもし存在するのだとすれば、どうしてこのような戦争が赦されるのかという問いかけがそこにはあった。

神の死の神学者たちは、神が存在すると信じるにも、絶望的なやるせなさの中に置かれ、神が存在するかどうかを人間がはかり知ることができないという、人間の認識の限界を意識しつつ、なお、「神が存在するがごとく振る舞う」という生き方を選択しようとした。これは人間の生き方として、無神論と有神論のぎりぎりのところで、なお信仰に留まろうとする人間の闘いでもあった。今となっては、アメリカで一時的にブームになった神学の一分野ということにすぎないが、現在においてもなお、問題提起としては鋭い意味を持っている。（参考文献：アルタイザー、ハミルトン著『神の死の哲学』新教出版社、一九六九年）

たとえば、人を殺すことは旧約聖書の十戒の言葉「殺してはならない」という教えに背くことであるが、仮に、もし神が存在しないとすれば、人が人を殺すことは、ただ人間によって定められた法律によってのみ赦されない行為ということになり、それは、人間的な社会規範として禁じられているということでしかないということになる。だが、神の存在など信じていないという人がいたとしても、人が人を殺すというような行為を、通常の精神状態の中で行えるものではないだろう。

このようなことを考える時に、そこには神学と倫理とが密接に関係してくることになる。さまざまな考え方が存在するが、仮に倫理が人間の理性によってつくり出された規範であり、ただ人間による取り決めにすぎないとすれば、その取り決めの方針や内容を人間が変えれば、それまで赦されなかったものも赦されたり、あるいは赦されていたものが赦されなくなったりするということになると言えるものなのだろうか。

以前、テレビ番組で日本の七三一部隊の特集番組が放映されていた。そして、かつてその部隊に所属した人が出演したりしていた。その出演者の証言によれば、細菌兵器の実験など、ありとあらゆる悪事を行って来たということであった。仲間が細菌に感染して死んでしまうこともあったが、その仲間の遺体すらも解剖したという。明日は我身かと思いながらメスを入れたという。

番組の最後に、アナウンサーがその人に「どうしてこのように取材に協力していただけるのですか」と質問した。すると、その人は「二度とこのような罪を犯してはならない。だから、こうして、現実にあったことを告げ知らせるのは、自分の罪滅ぼしである」と答えていた。いくらそれが戦争という自分の意思を越えた状況の中で強要されたことであったとしても、その人は罪意識を戦後も持ち続けたのである。（＊次のような貴重な資料も発行されている。七三一部隊員であった人の証言録ビデオ「語り部七三一部隊（少年隊員の見た細菌戦部隊）」問い合わせ先、神奈川大学平塚キャンパス内STSセンター、KFH00251@niftyserve.or.jp）

今ではそのような戦争体験を持つ人も、時の経過と共にずいぶん少なくなっていると思われるが、仮に、その人のように、殺す側に立つ戦争体験をした人がいるとしよう。そして、いまだ罪を犯したことに耐えきれずに警察へ出頭したとする。「私は人を殺しました」と警察に報告したとする。もちろん、警官は驚いてその人の話を聞くだろう。だが、取調が始まり、「どこで、いつ」ということになって、それが今から約六〇年以上も昔、中国の戦場にて、と出頭した人物が答えたならば、警察官は何と言うだろうか。おそらく、お茶でも飲んでから帰ってください程度のことにしかなるまい。

もちろん、これは架空の話であって、そのような人が存命したとしても、すでに法律では時効であろうし、戦場で起きたことでもある。もっとも、戦後まもない時代にそのような「自首」がなされたとしても、警察は無視せざるを得なかっただろう。南京大虐殺のように、国家的犯罪が不問のままになっているのが今なお問題であるのは言うまでもないことだが、日本はそれを自らの国家的犯罪として認めようとはしてこなかった。だが、そのような犯罪に関与した人の罪の問題を考えてみるならば、やはり、自責の念を持っていた日本人は必ずいただろうし、せめてもそう思いたい。

しかし、そのような罪を負った自覚のある人がいたとしても、その人を逮捕するような機関は、戦後のGHQのような機関を除いてはどこにも存在しない。法的な裁きを、個人として受けることは、もうないのかも知れない。それでもなお、罪を感じる人がいるのだとすれば、その人の罪意識は無用な取り越し苦労でしかないのか。だが、そうだと本人が思うことができず、どこまでも悩み続けるとすれば、それは何によってあがなわれることが可能だろうか。このように考えてみると、罪意識というやっかいなものは、実は人間の定めた法律や倫理的ルールだけでは処理することができないものであって、人間を超えた慰めをそこに求めざるを得ないだろう。唐突なようだが、宗教の意義はそのようなところに潜んでいるし、神学においてもこのような問題に正面から取り組むものでなければならない。

次に、実践神学という分野もある。これはカウンセリングの方法論から、教会における社会活動、さらには社会福祉と直接関係するような分野に至るまで、さまざまなものを扱う。そのほかにも、政治神学や自然神学、啓示神学などさまざまな分野が存在する。ほかに、今日的なテーマとして部落解放の神学、反天皇制の神学、エコロジーの神学、フェミニスト神学など、さまざまな問題への取り組みを、キリスト教の視点から問うものが存在する。

五　宗教とは何か

宗教という言葉は、広辞苑では「神または何らかの超越的絶対者、或いは卑俗なものから分離され禁忌された神聖なものに関する信仰・行事。またはそれらの連関的体系」と説明されている。いわゆる宗教学という学問では、宗教とは何かという定義が問題にされるし、人類の宗教的行為がいつどのように始まったかという問題なども考察されたりする。

英語のレリジョン（Religion）という言葉は「宗教」と訳されているが、これはラテン語のReligio《レリジオ》を語源とする。この言葉はre（再び）とligo（結びつける）という語から出来ている。そうすると、英語のReligionには、再び結びつけるという意味が語源的にはあることになる。その意味で、Religionは神と人とを再び結びつけるものだと言えよう。もっとも注意すべきは、だから訳語に相当する「宗教」の目的は、神と人間を再び結びつけることにあると言ってしまうのは、少し飛躍であると言わねばならない。それはたまたまReligionの訳語が「宗教」という語であるというだけの話で、ほかにも色々な定義がなされうる。ただし、キリスト教においては、Religionの原意のままに、神と人間を再び結びつける宗教であると言っても良いだろう。

第一章　聖典とは何か

一　キリスト教の聖典

公認されたキリスト教の聖典には次のようなものがある。

キリスト教の聖典………新約聖書、旧約聖書

新約聖書、旧約聖書の「約」という字は翻訳の「訳」ではない。新しい翻訳とか古い翻訳というように誤解されていることもあるが、新約と旧約はまったく異なる文献である。

聖書 the Bible の語源はギリシャ語ビブリア（biblia）に由来する。紙の原料となるパピルスの茎の内皮をビブリオン（biblion）と言い、これの複数形がビブリア（biblia）すなわち、小冊子や書物を意味する。この語がラテン語に音写され、固有名詞化されて、一冊の書物としての聖書（英語ではBible）の意味になった。

新約は、英語では New Testament である。英語の Testament は、法律用語として「遺言」という意味もあるが、神と人との契約という意味に理解して差し支えないであろう。New Testament は新しい約束という意味である。新約の原文はコイネーという前三〇〇年頃から後六、七世紀まで地中海世界一般で通用したギリシャ語で書かれている。ローマ教会の発展にともなってラテン語訳が出されたが、四世紀末、聖ヒエロニムス（Hieronymus, 三四〇頃-四二〇頃）によって、新約、旧約ともに大改訂がなされ、新約聖書はギリシャ語からラテン語に、旧約聖書はヘブル語からラテン語に翻訳された。これは後に中世の西方教会の聖書となり、共通に用いられるという意味でヴルガタ（Vulgata 一般に用いられるという意味）と呼ばれるようになった。

旧約は英語では Old Testament と言い、「古い約束」という意味である。旧約は一部アラム語で書かれた部分を除き、ヘブル語で書かれている。（注、旧約聖書エズラ四、八-六、一八、七、一二-二六およびダニエル書二、四b-7、二八の部分はアラム語で書かれている。アラム語は前八世紀頃からパレスチナで使われるようになった。イエス時代のパレスチナでも広く用いられ、イエスの言語でもあった。）一般に、新約と旧約の両方を合わせて「聖書」と総称している。

旧約聖書はユダヤ教から受け継いだ聖典である。新約聖書はイエス以後に書かれたものである。聖書という語がギリシャ語のビブリア（複数の小冊子、書）から派生したことからわかるように、聖書はもともと一冊の書物ではない。誰か一人の著者によってのみ書かれたものではなく、時代も状況も異なる中で書かれた文献が編集され、それぞれに新約聖書、旧約聖書という単位にまとめられた書物である。よってプロテスタントの聖書では、新約二七巻、旧約三九巻の計六六巻が正典とされている。

余談ではあるが、歴史で紀元前、後をB.C. とA.D. と表記するが、これはBefore Christ の略とラテン語のanno Domini（主の年）の略である。

二　「正典」と「聖典」

正典と書くのと、聖典と書くのでは、明確に意味が異なることに注意せねばならない。聖典とは、ある宗教の中で、特に聖なるものとして、その宗教独自の思想や考え方が述べられているものを指す。次に、正典の方は、ある宗教にとって、どれが真性な書であるかという議論などで使用される言葉である。正典という語は英語ではCanon であり、ギリシャ語カノーン「規準」「領域」を語源とする。カノーンは「葦」を意味するカーネの派生語であり、葦は真すぐに生える植物であるため、「さお」、「定規」をも意味した。

キリスト教の聖典は何ですかと問われれば、新約聖書と旧約聖書ですと答えることができる。だが、キリスト教の正典とはどれですかと問われれば、外典とか偽典と呼ばれている正典に属さないとされている書があり、それらを取捨選択した結果として現在の正典が存在すると言わねばならない。

キリスト教の用語として、正典は、その教えの基準を示すものとして重んじられ、唯一のよりどころとされる書を意味する。プロテスタント教会は聖書六六巻（旧約は三九巻）を正典と考えている。

旧約聖書の場合、特に外典が新共同訳に納められている。プロテスタントは、旧約については、ユダヤ教のヘブル語の三十九文書を翻訳したものを正典としている。これに対し、カトリックは七十人訳聖書と呼ばれるギリシャ語訳の内容を継承したウルガタ聖書を採用している。これはプロテスタントのものよりも文書数が多い。よって、プロテスタントの旧約に含まれていないものを外典（アポクリファ）と呼ぶ。

カトリック教会はラテン語訳であるウルガタ聖書にしか存在しない文書を教会の第二正典としているため、カトリック教会とプロテスタント教会の共同訳である日本聖書協会の新共同訳には「旧約聖書続編」としてそれらが含まれている。但し、「エズラ記（ラテン語、ギリシャ語）」と「マナセの祈り」はカトリック教会も外典としている。

偽典と呼ばれるものもある。これは著者名を名乗った偽作の書の意味であるが、旧約の場合、旧約正典にも外典にも入っていない文書を一律に偽典と呼ぶため、偽名文書でない例外も存在する。新約では、正典に含まれていない文書を一般に外典と呼んでいる。

（参考文献）

日本聖書学研究所編『聖書外典偽典』全七巻、別巻三冊。教文館
F・V・フィルソン著、茂泉昭男訳『聖書正典の研究』日本基督教団出版局、一九六九年。
蛭沼寿雄著『新約正典のプロセス』山本書店、一九七二

田川建三著『書物としての新約聖書』勁草書房、一九九七年。
荒井献編『新約聖書正典の成立』日本基督教団出版局、一九八八年。

三　新約聖書の構造

新約聖書はもともと一冊の書物ではなかった。目次を開けると、全二七巻の文書がひとつにまとめられたものであることが分かる。これらはそれぞれに書かれた時代も、場所も異なる。大別すると、次のような分類ができる。

一　福音書（マタイ、マルコ、ルカ、ヨハネ）
二　使徒行伝（言行録）
三　パウロ書簡（パウロによって書かれたとされるもの）
①四大書簡（ローマ、コリント一、二、ガラテヤ）
②獄中書簡（エフェソ、フィリピ、コロサイ、フィレモン）
③牧会書簡（テモテ一、二、テトス）
④テサロニケ一、二
四　筆者名のない文書（ヘブル）

五　公同書簡（ヤコブ、ペテロ一・二、ヨハネ一・二・三、ユダ）
六　ヨハネの黙示録

四　聖書をどう読むか(1)

聖書の中の各文書はもともと、それぞれ独立した文書として存在したものであり、それらが編集されて一冊にまとめられ、聖典とされたものである。だから、はじめから、一冊の聖典として人々に読まれることが意図され、個々の文書が書かれたのではない。たとえば、パウロの手紙などは、「手紙」という題名の通り、それは宛先のある手紙でしかなかった。しかし、それらがしだいに権威を帯びたものとして教会の中で扱われるようになり、人々に伝えられていったと考えられる。

では、そのようにさまざまな成立事情の異なる文書の集大成である聖書をどう読むか、それが問題となる。読み方としては、大別して、以下のような視点が存在することになる。

読み方	①聖典として読む
	②古文書として読む……………a、歴史記録文献として読む
	b、過去の思想書として読む

一言で、聖典として読むと言っても、聖典というものをどのようなものとして位置づけているのか、あるいは、聖典の編纂の権限がわれわれ人間にあると考えることが可能か等、さまざまな問題が存在する。また、古文書として読むとしても、そこに語られる物語の歴史的信憑性が問題となる。たとえば、イエスの奇跡物語や復活に関して、どのように理解するかなど、複雑な問題が存在する。また、過去の思想書として読み解くとすれば、聖書が語ろうとする思想を二〇〇〇年近い歳月を越えて、現代のわれわれがどこまで享受できるのかということが問題となる。

ここに一人の神学者をとりあげたい。R・ブルトマン（Rudolf Karl Bultmann, 1884-1976）は福音書のイエス伝を読み解くにあたり、非神話化（Entmythologisierung）という新約聖書解釈の方法論を一九四一年の講演（「新約聖書と神話論─新約聖書的宣教の非神話化の問題」）において提唱した。彼はドイツの聖書神学者であり、マールブルク大学教授であった。一九二五年から二八年にかけて発表された初期の著作『イエス』（一九二六年）や「新約聖書の神学的釈義の問題」、「新約学に対する弁証法神学の意義」等の論文があり、世界的な注目を受けた。哲学者ハイデッガーの影響を受け、シュミット、ディベリウスとともに新約聖書の研究に様式史的方法を導入し、特に、イエス伝の奇跡物語に関して非神話化（Entmythologisierung）による実存論的解釈を行った。他に、『共観福音書伝承史』（一九二一年）、『新約聖書神学』（一九四八年─一九五三年）、『歴史と終末論』（一九五七年）などがある。

ブルトマンは、福音書の奇跡物語が神話として書かれたものであると考える。そして、神話には固有の表現方法と意味が内在しているとする。神話としての福音書が何を読み手に語ろうとしているかを読みとる作業が、ブルトマンにおけるイエス伝読解にほかならない。彼によれば、新約聖書の記事は黙示思想やグノーシスの神話的諸表象を多く含んでいるため、それらは現代の科学的視点からは受け入れがたいものである。だが、神話的表象の背後には、当時の人々の世界観や実存的人生観などが秘められているのであり、それらを再解釈することで、現代人にとって示唆される意味を見いだすことが可能となる。

たとえば、キリストの受肉、処女降誕、十字架上の贖罪、復活、昇天、再臨などの記述は、すべて神話的な表象と理解される。ブルトマンの非神話化は、神話的表象の事実性の真偽を問題にした一九世紀のヘーゲル左派の自由主義神学とも異なる立場であり、神話としての聖書物語から人間の生きる指針となるものを導き出そうとするものである。

五　解釈学的な視点

聖書のテキストだけでなく、あらゆるテキストの読解は結局のところ解釈という作業に直結している。

誰でも知っている話として、桃太郎の話があるが、これを実話であると考える人はいないであろう。われわれは、それが実話でないことは百も承知しながら、桃太郎という物語を読み、あるいは子どもに語り聞かせているのである。そもそも桃太郎の話は日本各地に各種存在していたようである。その中でも、特に、明治期に国語の教科書として採用されたものが、現代の定番となったようである。明治の教科書に桃太郎が採用されたのは、海外への派兵と侵略を、鬼退治というメタファーで正当化しようという明治政府の意図がそこに込められていた。桃太郎物語に出てくる鬼とは外国人を指し、島国日本から海外への侵略は、鬼ヶ島の退治であるという理由づけがなされて、そこに正義の進出というイデオロギーを形成しようというのが狙いであった。子どもたちへの教育においても、軍国日本の形成が意図されていたのである。（参照、桃太郎物語を研究し、簡略に紹介しているものに、鳥越信著『桃太郎の運命』（昭和五八年、NHKブックス）がある。この本では、桃太郎物語という童話の中に秘められた意味が紹介されている。）

同じようなことが「ジャックと豆の木」においても言えるだろう。これはスコットランドのものであるが、桃太郎物語に共通する点が存在する。金の卵を産む鶏と金のハープの略奪者であるはずの少年ジャックは、敵が人喰いの大男であるという理由から、何ら咎められるところのない物語のように思われる。そして、ジャックの略奪行為の正当性が暗黙裏につくり上げられている。結局、ジャックは金の卵を産む鶏と金のハープを盗み取り、人喰いの大男は空から転落して死ぬという話である。この略奪によって、ジャックは母親と幸せに暮らすという締めくくりである。行く末しあわせに暮らしたというのは桃太郎物語の結末と同様である。

これら二つの物語が事実を語ったものでないのはいうまでもないが、ここで明らかなのは、物語の事実性が物語の価値を決定するのではなく、その物語が何を指し示そうとしているのかというところに、その存在意義が発揮されるのである。当然、桃太郎物語の国家主義イデオロギーは批判されねばならないが、このようにして物語は、時には巧みに権力の側においても機能するのである。

福音書の中のイエスの物語も機能という点では、同様である。それが事実性をどこまで確認できるかということに関係なく、イエスについてテキストが語ろうとする意味は常に開示されるのである。開示される意味を読みとることがテキストを読むということであり、それがイエス伝を読むということである。

よって、テキストを理解するという行為には、必然的に解釈するという行為が含まれてくる。解釈のない読解は存在しない。そして、テキストの開示する意味は、読み手の解釈の内に生起する。たとえば、長崎と広島の原爆投下を歴史の事実として認めない人はいないだろう。それは解釈の問題ではないのだ。しかし、これによって、われわれ人類が現代において、いかに振る舞わねばならないかということになると、それは解釈の問題へと転化される。長崎、広島から何を学び、われわれはどのように振る舞わねばならないか。これは個々の人間の内部に生起する志向性の問題である。

この場合、事実性は疑いようのない悲劇の傷を今なおわれわれに開示している。だが、それでも、この事実を受け止めて、どのように振る舞いうるかということになると、そこでは伝達された内容の事実性が先行するのではなく、それを受容する者の解釈作業がもっとも重要な点となるのである。要するに、事実性は意味を生起させるための必須のものではないのである。そうすると、福音書においては何が示されようとしているのか。福音書の事実性は表面的な問題にすぎない。福音書を解釈する人間の側が、福音書それ自体が意味を開示しているものに突き当たるかどうかが問題なのだ。

ところで、福音書を読むという作業において、意味は一律なものとして生起するのであろうか。フッサール（Edmund Husserl 1859-1938）は、いかにして認識は現象自体に的中するかということを問題とした。彼は次のように語る。

「どのようにして認識は超越者に、すなわち自己所与ではなく超出的に思念されるもの〈Hinausgemaintes〉に的中しうるのかという点が私にとって不明瞭である以上、超越的な認識や科学が明晰性を獲得するのになんら私の役に立ち得ないことは確かである。私が求めているのは明晰性であり、私が理解したいのはこの的中の可能性である。」

（フッサール著『現象学の理念』p14、みすず書房）

フッサールは人間の認識が、人間の自己所与によるものでなく、テキスト読解との関係で言えば、テキストそれ自体によって開示されている意味に行き当たるのかということを問題にしている。それが確かに為されているという〈明晰性〉が問題だというのである。

フッサールの現象学では、人間の認識の構造を次のように考える。意味とは、ノエシスとノエマの結合点で生起するというのだ。〈ノエシス〉とは、見るものであり、観察者の側であり、〈ノエマ〉とは見られるものであり、観察者にとっての客体、見られるものである。

客体はそれ自身では意味を開示しないが、ノエシス（一つの契機）によって意味が発露される。そして、生気が吹き込まれて、ノエマ（志向的対象）となる。このノエシスとノエマの交差する点においてこそ、フッサールのいう認識が成立するのである。そこではテキストそれ自体が開示しているものと、人間の認識が交差するのである。そして、人間の側がそれを読みとる限界もまた、そこに定位しているのである。そして、ここでの読解は、読解を行う者の実存的場の中に生起していると言える。

六　聖書解釈と人間

聖書はもともと文献に過ぎない。聖書のテキストとは何かという問題について、解釈者のあり方が問題となる。見るものと見られるものという関係の中で意味が成立する。

見られるもの（客体）はそれ自体の意味を持っているわけだが、人間が認識という作業を行わない限り、そこに意味の所在すら確認できない。よって、意味は見られるものと見るものとの双方向の志向がぶつかるところで成立すると考えられる。これを聖書テキストに置き換えると次のようになる。

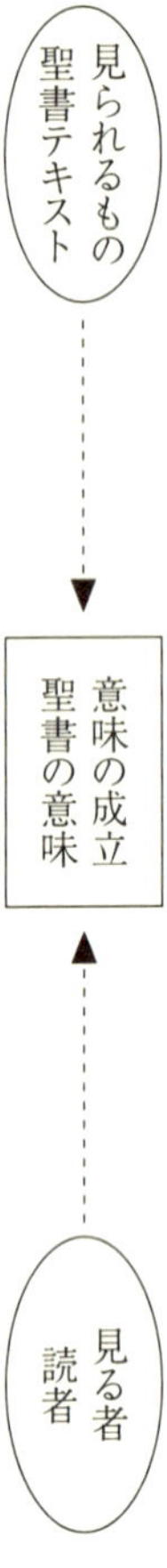

聖書のテキストでさえ、それ自体がどのような意味を持っていようと、読者の読み方によって意味が左右される。すると、どうだろうか。たとえば、広島の原爆の出来事について、誰もが事実性を否定することはできないが、その事実をして、現代の人間のあり方を考える者もいれば、残念ながらあまり関心を示さない人もいる。あるいは、海や空を見て美しいと感動する心の余裕のようなものがある人と無い人では、海や空という自然の意味も異なるように、読み手によってそれが感受されるのでなければ、テキストとしての聖書は意味を開示しないと言える。

それゆえ、イエス・キリストの事実性について考えるならば、仮に、復活の出来事が事実であったとしても、それが本来何の意味をももたらすことができない場合もあると言わねばならない。たとえば病院で、心臓の止まった人（死んだ人）を電気ショックで生き返らせるということも、まだ時間があまり経っていなければ、時には可能かも知れないが、それをキリストの復活と同じレベルで信仰を絡めて論じることが出来ないように、事実性にのみこだわれば、イエスの出来事はただ出来事としての特異性がそこにあるというだけのことになりかねない。例えば、事実だから信じうるという立場が存在するが、逆に事実性に対して、常に人が感動して神を信じるというわけではない。すなわち、「蘇ったのですか、はあ、そうですか。しかし、それは私とは何の関係も無いことです」と言われてしまえば、それ以上、何も提起するものはない。われわれが見知らぬ病院で見知らぬ人が息を吹き返しても、そのことはわれわれに、それ以上の意味や関係を生み出すことがないのと同じである。

ファンダメンタリストの立場は、それにもかかわらず事実性を強調しようとするものである。そして、事実だから信じうるという話にすり替えようとする。これには事実が常に意味を持つとは限らないと反論せねばならないだろう。

聖書テキストと事実性もまた、以下のような関係にある。

読者が、事実に至るまでには、このようなファンクションを通過して行かねばならない。すると、聖書テキスト自体は、事実を伝達するためのフィルターのようなものでしかない。たとえば、写真のネガが事実と等質ではないように、聖書は事実と等質ではない。聖書のテキスト自体が事実性とは距離を持たざるを得ないのだ。しかし、われわれは事実を知るための経路として、聖書というフィルターを選び、それを聖典と告白した。そのように言えるだろう。

七　聖書をどう読むか(2)

福音書はイエスの生涯を語るものであり、キリスト教にとってもっとも重要な文書である。そして、福音書の中で一番最初に書かれたのはマルコである。これは紀元五〇年から七〇年頃に書かれたものである。これが書かれた頃、すでにパウロの宣教は終わっていたと思われるので、パウロの活躍した頃の原始キリスト教団、あるいはそれ以前の教団は、福音書というもの無しで宣教していたということになる。存在した文書は、新約聖書に関して言えば、せいぜいパウロの手紙などがあるだけで、それを見る限りでは、パウロ時代のキリスト教ではイエスの生涯にあまり目が向けられていなかったようだ。もっとも、パウロはイエスに会ったこともなく、あまりイエスの個人的なエピソードについては知らなかったようだ。だから、パウロ書簡でイエスについて語られることは、十字架の死と復活に限られている。

また、パウロたちにとって重要なのは、キリストとしてのイエス、すなわち救世主としてのイエスではあったが、人間イエスではなかった。ほとんどイエスの生き方には目をとめられることなく、ただ、十字架のイエスの死が全人類の罪のあがないであったこと、そして、復活ばかりが強調されていたのがパウロの伝道したキリスト教である。

そこで、マルコは「福音書」という形式で、イエスの生き方を掘り起こそうとしたのだ。イエスの生前の活動へと目を配ったのである。ただし、マルコはマルコ流の復活理解をそこに織りまぜたと言えよう。マルコ福音書は一六章でイエスの墓が空になったというところで完結していたのであり、そこから先（マルコ一六・九以下）は、後世の加筆であり、カッコが付けられているのである。マルコ福音書は、もともとはイエスが十字架によって死に、その墓が空になったということで締めくくられていたのだ。そのようなマルコの特徴から、マルコの復活理解が読みとれる。マルコ福音書では、復活が何ら可視的に起こった出来事としてとらえられているのではなく、あくまでもイエスの生き方の継承を通してこそ、使徒たちの中で復活が実現すると言いたかったのであろう。

マルコ福音書では、バプテスマのヨハネ教団でイエスは洗礼を受ける。そして、バプテスマのヨハネのメッセージであった「神の国は近づいた」という言葉の継承者としてのイエスを冒頭で描く。しかも、彼の福音宣教はガリラヤというユダヤの辺境の地で開始される。そして、十字架に付けられる前に、イエスによって「私はあなたがたより先にガリラヤへ行く」（マルコ一四、一八）という告白がされ、死後三日目の空虚な墓でも、御使いの口を通して、「あなたがたより先にガリラヤへ行かれた。かねて言われていた通り、そこであなた方にお会いになるであろう」（マルコ一六、七）と語られる。この言葉には、イエスが宣教を開始した場所、しかも生前に宣教し、なおもう一度、宣教の場であるガリラヤへ戻って活動したかったというイエスの遺志がほのめかされている。

すなわち、マルコの復活理解は、当時の主流であった罪のあがないにのみ置かれるのではない。イエスの生き方の継承者として弟子たちもガリラヤへ行き、宣教を継承するときにこそ、イエスと共に在《あ》り、イエスは復活したという体験が実現するのである。マルコがガリラヤでのイエスを描いたのは、首都エルサレム中心主義とパウロ教としてのキリスト教から脱却し、イエスのガリラヤでの活動の継承こそ真のキリスト教の実現であると言いたかったからだと思われる。

このように重要なマルコの終結部の意味を、マルコの加筆部分は完全に歪曲してしまっていると言わねばならない。なぜなら、加筆部分ではバプテスマによる救いという教義的かつ教条的な救済論しか登場しないからである。ガリラヤへ戻ってイエスと同じような生き方をすることとは、かけ離れた方に目が向けられているからだ。また、イエスが救いの条件として要求もしなかった洗礼が求められているのである。

ところで、マルコは福音書を書くにあたって、いったい自分の書くものに史的事実としてのイエスを記録するという意図をどこまで持たせていたのだろうか。当時のパウロを中心とするキリスト教は、史的事実などおかまいなしに、キリストの十字架を宣教したことはほぼ間違いないだろう。イエスが誰によって、なぜ殺されたのかというようなことについては、いわゆる原始キリスト教団のケリュグマ（ギリシャ語で宣教という意味）においては、ほとんど論じられることもなかった。イエスの死はただ罪のあがないのために、神の御子として人間の罪のために死に、復活したということのみが強調されたのである。だからこそ、マルコは原始教団が無視していたイエスの逮捕の経緯、裁判、ローマの罪状「ユダヤ人の王」など、当時の原始キリスト教団が無視していたことがらを最初に露にしようとした。

マルコは史的事実を散りばめながら、イエス像を構成したのだ。マルコは史的（事実的）記事を散在させることで、ある種の説得力を加味させ、当時の主流であったキリスト教とはかなり異なるイエス像を展開したのだと思われる。ただ、その場合、マルコは自分の書いたものが「聖典」となることを期待したのかどうか、この点はさらに考察されねばならない。仮に、宗教家が自分の教えの立場を強調し、それを文章化する場合に、それを聖典化する意志は、どの程度つきまとうものだろうか。記者としてのマルコの場合、聖典化の意志はあったのだろうか。その意識が働いていたとしても、それは当時のキリスト教に対して、異なるイエス像と復活理解を提唱するという目的にのみとどまるものではなかったか。

たとえば、ヨハネ福音書は共観福音書（マタイ、マルコ、ルカ）がすべて書かれた後の紀元百年頃に書かれたものであるが、これは、すでに書かれたマルコ、マタイ、ルカとは似ても似つかない内容になっている。記者ヨハネは、他の福音書の存在を知ったうえで、ヨハネ福音書を書いたのだとすれば、はたして史的事実性を他の福音書に対して争う決意で書いたのだろうか。これも違うと思われる。ヨハネは史的であるよりも、ロゴス論をはじめとする独自の神学を展開し、処女降誕のような内容はあえて無視している。ヨハネ福音書もまた、イエスの生涯を再構成した思想的な書であると言えるだろう。

マルコに戻れば、それが史的事実的記述をいかに多く散りばめているとは言え、マルコの言いたいことは単純明快である。ガリラヤへの宣教に戻ること、すなわち、イエスの生き方の継承である。もちろん、ヨハネにも同様に、独自な主張面があるし、各福音書にそれぞれ独自性が見え隠れする。その意味では、これらの福音書を聖典として一冊にまとめたというのは、本当はとんでもない普遍主義だったのかも知れない。各福音書の記者たちが、それぞれに新しい自己主張を展開する意図を込めているのが読みとれる限り、はっきり言って、聖書のどの文章も人間の創作に過ぎないのである。

聖書は「真実」の書であるという言い方がここにあるとしよう。これは史的事実を語る「真実」の書という意味では明らかに誤りである。それらは史的事実の書であるのではなく、史的事実的記述を散りばめた人間の主張の書なのである。一方、聖書は「真理」の書であるという言い方があるとしよう。その場合には、人間による神への応答の真実が込められているという意味では肯定できるだろう。

たとえば、音楽を聴いて、人はこの曲は真実を語っていると言う言い方をするだろうか。むしろ、音楽については、この曲は真理を語っていると言うほうが文法にかなってはいないだろうか。真実とは事柄を意味する言葉でしかない。聖書の各福音書が語るのはことがらとしての真実ではなく、人間の思想なのだ。福音書は真実を語るのではなく、各記者の真理と信じていたものを語るのである。

音楽が奏でるものは事柄でなくとも真理でありうるし、一九四五年に原爆が長崎と広島に落とされたという事実を語ることが音楽には出来なくとも、その悲惨を語ることは音楽には可能なのだ。同じく、福音書は史実を語る以上に信仰を語っているのである。ルカ福音書では、あたかもそこには真実の羅列が存在すると冒頭で強調されている。しかし、今や、複数の福音書の異なるモチーフを考えると、それらは記者たちの信仰を言い表わす文書であると断言しなくてはならない。

第二章　福音書

一　福音書とは何か

マタイ、マルコ、ルカ、ヨハネなどの各福音書は、それぞれイエスの出来事の目撃者であった人物が書いたものだと考えられていた時代がある。しかし、現代ではさまざまな意見があるが、どの福音書も、イエスと同時代の目撃者であった人物が書きつづったものであるとは一般に考えられていない。

イエスが選んだ十二名の弟子の名が次のように記されている。

マルコ福音書三・一六－一九（並行箇所＝マタイ福音書一〇・一－四、ルカ福音書六・一三－一六）

16 こうして十二人を任命された。シモンにはペトロという名を付けられた。

17 ゼベダイの子ヤコブとヤコブの兄弟ヨハネ、この二人にはボアネルゲス、すなわち、「雷の子ら」という名を付けられた。
18 アンデレ、フィリポ、バルトロマイ、マタイ、トマス、アルファイの子ヤコブ、タダイ、熱心党のシモン、
19 それに、イスカリオテのユダ。このユダがイエスを裏切ったのである。

特にヨハネ、マタイの名が十二弟子の中にあるため、ヨハネ福音書とマタイ福音書はイエスの弟子によって書かれたという意見もあるが、一般にはそれは支持されていない。「……による福音書」という書き出しから、便宜上、その著者の名は仮にヨハネ、マタイあるいはマルコ、ルカと呼ばれているが、その人物が特定されているわけではない。あるいは、マタイ福音書ならば、イエスの弟子マタイの宣教活動の結果生み出されたマタイを中心とする集団によって書かれたのではないかと考えられたりする。いずれにせよ、そのタイトルの名が指し示す人物名から記者を特定することはできない。

各福音書の成立年代は次のように考えられる。

マルコ　五〇-七〇年頃
マタイ　七〇―九〇年頃
ルカ　　七〇―九〇年頃
ヨハネ　九〇―一〇〇年前後

執筆年代の推定は、四福音書の内容を分析することから得られるものである。とりわけ、各福音書間の内容の重複箇所等の分析によっても、その書かれた順序が想定される。

福音書はギリシャ語（コイネーと呼ばれる当時の通常のギリシャ語）で書かれている。「福音書」という語は、ギリシャ語でエヴァンゲリオン、「喜びの訪れ」という意味である。そして、四福音書中、マタイ、マルコ、ルカについては特に共観福音書（Synoptic Gospels）と呼ばれる。これらは、互いに共通資料を使って書かれたと考えられることから、このように呼ばれている。

福音書の成立過程

福音書が成立するまでには、さまざまなイエスについての伝承の過程が存在したと考えられる。それらを概略すれば、次のようなものとなる。

イエス→アラム語の伝承→（原マルコ）→マルコＡＤ五〇-七〇年頃→ルカＡＤ七〇-九〇年頃
マタイＡＤ七〇-九〇年頃

ヨハネ福音書だけはまったく別個の資料を使って書き上げられたと考えられる。内容的に他の福音書と比べて、オリジナルな記事がほとんどである。その成立年代は一世紀の九〇年代から二世紀の初め頃と考えられており、共観福音書とは区別される。ヨハネ福音書はイエスの生涯のストーリー性に教義的整合性を意識しながら書かれている。このことからも、ヨハネの執筆は原始教団による教義形成が、かなり進んだ後に書かれたものであると想像できる。また、他の福音書にない様々な特徴を備えている。

共観福音書

共通資料の内訳は下記のようなものである。

マタイ――M資料＋Q資料＋マルコ
ルカ――L資料＋Q資料＋マルコ
マルコ――原マルコ

	Q資料	M資料	L資料	マルコ	原マルコ
マタイ	○	○		○	
マルコ					○
ルカ	○		○	○	

○を付したものがそれぞれの福音書で採用されている資料

原マルコとは、実際にこれが「原マルコ」の写本であるという文書が存在するものではなく、マルコ執筆時に採用されたであろうと推測される資料として、その存在が仮定できるものである。マタイ、ルカはマルコ福音書を参照したと考えられる。ただし、これらの表はあくまでも各福音書の構造を説明するための便宜上のものであり、各福音書の本文を比べると、かなり複雑に、マルコ福音書がマタイとルカの中に取り入れられ、それぞれに手を加えられているのが分かる。詳細を研究するには、「対観表」（参考文献、塚本虎二「福音書異同一覧」新地書房、一九八一年、または、「四福音書対観表」監修＝荒井献　川島貞雄、日本キリスト教団出版局、二〇〇〇年）と呼ばれる各福音書の比較表を使って原典を分析する作業となる。

M資料とは、マタイ福音書に独自に採用されている資料であり、L資料とはルカ福音書に独自に採用されているものである。Q資料とは、マタイ、ルカにのみ共通の資料であり、マルコ福音書には含まれていないものである。よって、マタイ、ルカに関して特徴を調べるには、M資料、L資料の部分を調べることによって、それぞれの特徴や著者のキリスト論を想像することが可能となる。また、マルコは、ほぼ九割以上がマタイ、ルカで使用されている。このような点からマタイ、ルカが執筆される以前にマルコが既に存在していたこと、更に、マタイ、ルカはマルコを参照したことが想像できる。

最古の福音書であるマルコ福音書の約九〇パーセントが、マタイ、ルカの中に並行記事として用いられている。マタイの約五〇パーセント、ルカの約五〇パーセントがマルコとの並行記事である。ヨハネには、約一〇パーセントしか共観福音書との並行記事がなく、まったく別個の資料を使って書かれたものであると考えられる。

次に、共観福音書を構成する各資料の一部を列記する。

L資料
良きサマリヤ人　ルカ一〇・二五―三七
放蕩息子　ルカ一五・一一―三二
不義な裁判官　ルカ一八・一―八
ザアカイの回心　ルカ一九・一―一〇

Q資料　九九匹と一匹の羊
ルカ一五・一―七、マタイ一八・一二―一四

M資料（旧約聖書の言葉に裏付けされたものが多い）
マタイ八・一七（イザヤ五三・四）
マタイ二一・一四―一六（詩篇八・二）
マタイ二七・三―八（ゼカリヤ一一・一二）

L資料としてここにあげたものは、イエスによってなされたとされる譬え話である。これらは、概して、罪人とされた人々の救いと異邦人の救いがテーマとなっている。

M資料であげたものは、旧約聖書の本文引用である。このようにマタイには旧約聖書の引用が多く、

マタイの著者は旧約聖書に精通する人物であったことが想像される。

Q資料は、マルコに存在しない譬え話であるが、その内容を更に詳しくマタイ、ルカの本文中のQ資料どうしで比較して考察すれば、ルカは独自なQ資料の修正を行い、異邦人の救いと罪人の救いを強調していることが分かる。

もっとも、これらの資料が、ただ単に継ぎ合わされて各福音書が構成されているのではなく、資料を折り込む際に、各記者はそれぞれに独自な編集句（注、各福音書の記者らが独自に書き入れたと思われる語句）を挿入している点も注意して考察されねばならない。

二　マルコ福音書

かつては、マタイ福音書が最古の福音書と考えられた時代があった。そして、マタイが最も重要な福音書とされたので、新約聖書の冒頭に位置している。しかし、現在ではマルコ福音書こそ最古の福音書であると考えられている。

【マルコ福音書のアウトライン】
一、ガリラヤとその周辺での伝道（一・一-八・二六）
二、エルサレムへの旅（八・二七-一〇・五二）

三、エルサレムでの受難（一一－一六・八）

四、加筆部分（一六・九以下）

【特徴】

一、復活の記事が存在しない。

一六・九以下は後の加筆である。加筆部分は、後に書かれた福音書（マタイ、もしくはルカ）の末尾を写し取って書かれていると思われる。よって、マルコ最終部分一六章九節以下には聖書本文に括弧が付されている。

二、処女降誕の物語（イエス誕生の物語）がない。

三、メシヤとしてのイエスはヨハネの運動の継承者である。

メシヤとしてのイエスは処女降誕によって、メシア性が開示されるのではなく、ヨハネのバプテスマを受け、聖霊がイエスに下ったことで示される。

四、伝記的なイエスの誕生、少年期の記事がなく、イエスの活動と受難に重点が置かれている。

【マルコの成立年代】

さまざまな理由から、成立年代は紀元五〇年から七〇年頃と推定されている。イエスの死以後の宣教は使徒たちの口伝によった。イエスの死の直後には、福音書がまだ書かれていなかったのは言うまでもない。イエスの死が西暦三〇年前後だとすれば、その後二〇年から四〇年間も、イエスの生涯がまとまった形では文書化されなかったことになる。どうして、これほど長期間にわたって誰も文書化を手掛けなかったのか。

さまざまなことが想像できるが、その答えの一つとして言えることは、イエスの十字架刑以後、イエスが予言した神の国が到来するという終末的信仰が強く、しかも、それがまもなく起こることを原始キリスト教団が宣教していたためと思われる。よって、世の終わり、神の国到来に備えることが急務となり、イエスの出来事を文書化して後代に伝えるという必要性は、その教義の性格からも重視されなかったと考えられる。

また、イエスの出来事については、文書化されるまでもなく、イエスと出会った生き証人たちが口頭で語り継ぐことが当初はできたであろう。だが、しだいに時が経過し、それらの証人たちも世を去り、イエスの出来事が文書化される必要に迫られ、イエスに関する断片資料が生まれていったと考えられる。この段階においては、マルコ福音書のようにストーリー性を整えたものではなく、それらは、まだ断片資料でしかなかったであろう。これらはイエスについて語り継ぐための資料でしかなかっただろうし、教会はいまだ、エクリチュールとしての聖典を必要とはしなかったのだ。（注、エクリチュールはフランスの哲学者J・デリダによれば、「暴力的」であると評される。拙論「インターネットで詩はかわるか」http://homepage2.nifty.com/TakeshiHori/『新日本文学』一九九九年七月号にて、詩論として同様の問題を考察した。）

書き言葉で記す以上に、イエスの出来事のリアリティーが先行する状況があったと考えられる。時の流れとともに、こうしたリアリティーの枯渇が始まり、同時に、イエスの出来事が教義化される方へと進んだと思われる。一つの宗教が発生して、やがては組織としての整合性を伴い始めると、そこに教典が出現せざるを得ないし、また、そのことは通常は、その宗教の発展として理解されるものである。見方を変えれば、エクリチュールによって集団は擬制されるのであり、宗教の発展と同時に宗教の概念化をともなって来るのである。

よって、マルコにおいても例外ではなく、マルコ福音書の思想を中心に展開した原始キリスト教団の中の一グループ（あるいは宗派）が、自らの思想をエクリチュールとして確立する状況がそこにはあったと思われる。

【マルコ福音書の成立年代】

四世紀の教会史家エウセビウスの『教会史』五・八・二以下に、二世紀後半の教父エイレナイオスの言葉が次のように引用されている。「マッタイオス（マタイ）は、ヘブル人のために彼らの言語で福音の文書を著した。それはペトロス（ペテロ）とパウロス（パウロ）がローマで伝道し、教会の基礎をつくっていた頃である。この二人が〔天に〕出立した後、ペトロス（ペテロ）の弟子で通訳のマルコス（マルコ）も、ペトロス（ペテロ）が教えたことをわたしたちのために書き残した。パウロス（パウロ）の同行者ルーカス（ルカ）も、パウロス（パウロ）が教えた福音を書物にした。ついで、主の弟子で、主の胸に寄りかかりさえしたヨーアンネース（ヨハネ）も、アシア（アジア）のエフェソス（エペソ）に滞在したとき、福音書を公にした」。（参照、エウセビオス著『教会史』第二巻、秦剛平訳、山本書店、一九八七年）

エイレナイオスの言葉が正しいとすれば、マルコ福音書の執筆は、弟子ペテロとパウロの死後であり、それは六〇年以降ということになる。

エウセビオス『教会史』六・一四・五以下のアレキサンドリヤのクレメンスの証言では、次のように記されている。「最初に書かれたのは系図を含む福音書である。『マルコスによる福音書』は、次のような経緯から生まれた。すなわち、ペトロス（ペテロ）がローマで人びとに御言を伝え、霊に動かされて福音書〔の誕生〕を宣言したとき、居合わせた大ぜいの人びとは、長い間、彼につきそい、語られた〔言葉〕を覚えているマルコス（マルコ）にその言葉を書きとめておくように勧めた。マルコス（マルコ）はそうした。そして、それを求めた人たちにその福音書を分かち与えた。ペトロス（ペテロ）はそのことを知ったとき、〔それに〕熱心に反対するわけでもなく、勧めるわけでもなかった。しかし、最後のヨーアンネース（ヨハネ）は、外面的な事実が〔三つの〕福音書の中ですでに説明されているのを知っていたので、弟子たちに勧められ、そして霊につき動かされたとき、霊的な福音書を書いた」。（前掲書参照）

クレメンスの証言によれば、マルコ福音書はペテロがローマで行った説教をマルコが書き記したものである。すると、マルコの執筆は弟子ペテロの存命中となり五〇年代ということになる。

別な考え方も存在する。マルコ一三章には神殿崩壊の預言がある。よってその事件が発生する政治的兆候が顕著となった頃に書かれたのであり、それは、紀元七〇年のユダヤ戦争に近い年代であるとする考え方である。一三章におけるイエスの終末説教では、黙示録のような世の終わりの説教がなされている。これはユダヤ教のエルサレム神殿の崩壊を予言したものである。戦争と戦争の噂、さらに、地震や飢饉で、世が荒れ果てるという危機が語られる。これらは紀元七〇年のユダヤ戦争による神殿崩壊とユダヤ国家の危機について語っていると思われるが、このことから、七〇年に近い執筆年代を推定するには、十分な根拠があるとは言えない。なぜなら、既に、旧約聖書ダニエル書でも、次のような黙示的予言が記されていたのであり、ユダヤ戦争と直接結びつけて執筆年代を特定することはできない。

ダニエル書一二・一―四

1 その時、大天使長ミカエルが立つ。彼はお前の民の子らを守護する。その時まで、苦難が続く／国が始まって以来、かつてなかったほどの苦難が。しかし、その時には救われるであろう／お前の民、あの書に記された人々は。
2 多くの者が地の塵の中の眠りから目覚める。ある者は永遠の生命に入り／ある者は永久に続く恥と憎悪の的となる。
3 目覚めた人々は大空の光のように輝き／多くの者の救いとなった人々は／とこしえに星と輝く。
4 ダニエルよ、終わりの時が来るまで、お前はこれらのことを秘め、この書を封じておきなさい。多くの者が動揺するであろう。そして、知識は増す。

いずれにせよ、マルコの執筆年代の特定は困難である。ルカ福音書一・一―四では、ルカ福音書こそ「順序正しく書き綴った」福音書であると強調している。それ以前のものであるマルコ福音書はあたかも正確ではないと批判している。興味深いのは、一般に聖書は現代の教会内においても「無謬」のもののごとく言われているのだが、ルカが、同じ聖書のテキストであるマルコの内容を批判しているのである。

【著　者】

既に見たように、エイレナイオスの言葉によれば、「ペトロス（ペテロ）の弟子で通訳のマルコス（マルコ）も、ペトロス（ペテロ）が教えたことをわたしたちのために書き残した。」とされる。（参照、エウセビウス著『教会史』五・八・三）

また、エウセビオス『教会史』六・一四・六に記されたアレキサンドリヤのクレメンスの証言では、著者をマルコであると言っている。その他にも、エウセビオス『教会史』三・三九・一四以下には二世紀前半のヒエラポリスの主教パピアスの言葉が紹介されている。「彼はその著作の中で、前期のアリスティオーン（アリスティオン）から得たか、長老ヨーアンネース（ヨハネ）の伝承から学んだかした主の御言についての話を伝えている。わたしたちはそれらのことに関して学ぶのが好きな人びとの注意を喚起したが、すでに引用した彼の発言に、福音書を書いたマルコス（マルコ）に関する伝承を付け加えておこう。彼は次のように言っている。「そこで、この長老はよく次のように言っていた。『マルコス（マルコ）は、ペトロス（ペテロ）の通訳になったので、主の言行について記憶しているすべてを順序どおりではないが、正確に書き記した。……』」（参照、エウセビオス著『教会史』第一巻、秦剛平訳、山本書店、一九八六年)」

新約聖書では、パウロに同行したマルコは、バルナバのいとこであり(コロサイ四・一〇)、パウロとバルナバの第一回伝道旅行に「助手」として随行している(使徒一三・五)。パウロは第二回伝道旅行の際には、前回途中で脱落したマルコを同行させることを拒み、別行動をとった(使徒言行録一五・三八—三九)。だが、後に二人は和解し、パウロはマルコを「協力者」と呼ぶ(ピレモン二四)。ペテロとマルコの師弟関係については、第一ペテロの手紙五・一三において、「わたしの子マルコ」と記されていることとも符合する。

以上のような事からのみ類推すれば、マルコ福音書の記者はパウロ、ペテロに近い存在であったマルコだと考えることができる。しかしながら、ペテロの手紙の著者がイエスの弟子ペテロであったのかについては、議論が存在する。

著者が「マルコ」という名の人物であったことを確認できるような記述は、マルコ福音書の本文に見出すことは出来ない。更に、マルコ福音書の内容を考えるならば、ただ単にイエスに関する記録文書ではなく、明らかにそこにはマルコ福音書独自の思想が存在する。そのような事から、著者を特定することは難しい。

このほか、マルコの著者は、マルコ一四・五一—五二中に出てくる「若者」であるとする考え方もあったが、根拠はない。マルコ福音書の中のイエスの伝道旅行の行程が、地理的には不自然な順序であったりすることから、著者はパレスチナの地理に不案内であったと考えられ、パウロの同行者ではなかっただろう。さらに、本文のギリシャ語はあまり流暢な文章ではないので、ギリシャ語を母語としない人物によるものとも考えられている。また、マルコ福音書の著者が仮にパウロ書簡に登場するマルコであるとすれば、彼はパウロに近いところにいた人物である。しかしながら、パウロのイエス理解とは非常にかけ離れたイエスを描いている。パウロが強調した信仰のみによる十字架による救いの考え方が織り交ぜられてイエスの生涯が展開されるのは、むしろヨハネ福音書のようなものにおいてこそなされているのであって、マルコではイエスの生き方にキリスト者が追従することを訴えているという印象が強い。

【執筆目的】

マルコの場合、マタイ、ルカと比較すれば、イエスの誕生物語や系図もなく、復活の物語は空虚な墓の出来事で終わっているのが目に付く。マルコがあえてそれらを無視したということなのか。そうだとすれば、なぜ無視したのか。あるいは、それは無視ではなく、マルコには無かった情報だったのか。そうだとすれば、どうしてその情報が伝達されていなかったのか。あるいはそれは伝達されていなかったのではなく、マルコ執筆の時代にはまだ広まっていないような伝承であり、教義の一部たり得なかったのか。

イエスが約三〇歳で亡くなったとすれば、およそAD三〇年頃には亡くなったことになる。すると、もしマルコ福音書が紀元七〇年頃の作品であるとすれば、イエスの死後四〇年も経過してから最古の福音書であるマルコが書かれたということになる。もっとも、イエスに関する伝承はさまざまな形で、断片的に書かれてはいただろうし、実際、それらを各福音書記者らは使用したと思われる。マルコの記者はイエスの生涯をストーリー性を持たせて書き上げるという作業を、イエスの死後、短く見ても二〇年、長く見れば四〇年も後になってから行ったのである。この長い時間の経過をどのように考えるべきなのだろうか。断片資料のみで、マルコが書かれるまでの教団は事足りていたのだろうか。あるいはそれらが書かれなかった理由が存在したのか。これについて以下のような推測が可能である。

①初期のキリスト教徒は、イエスの死後、すぐに神の国が到来すると信じていた。よって、イエスの生涯を文章化する必要性を認めなかった。

②初期のキリスト教は伝道組織を形成していたとは言え、イエスの伝承を整理する作業に手を着けることよりも、語りによる宣教に力を注いでいた。

③イエスを直接知る弟子が次々に死亡し、教会がイエスの伝記的な文章を必要とし始めるまでに歳月を要した。

④原始キリスト教のケリュグマ（宣教）自体は、イエスの人物像をほとんど含んでいないと言える。イエスがどんな人物であったかということは教団の関心事ではなかった。

原始教団が伝道範囲を拡大するにともない、口伝ではなく、伝承の正確な記述が必要となり、教典的文書が生み出される必要が出てきたと思われる。（この考え方の場合には、マルコ福音書があらかじめ宗教教団の教典的権威を持ったものとして書かれたということになる。だが、マルコ福音書が書かれた目的が、当時の教義内容とは異なるキリスト論を展開することにあったのだとすれば、最初から権威をおびたものとしてマルコ福音書が出現したと考えるよりも、それは歴史の中で、聖典的権威が後に付加されたと考える方が自然であると思われる。)

【マルコ独自の執筆動機と特徴】

イエスはローマ帝国と対峙しつつ、既存のユダヤ教を批判した。そして、その死は「多くの人のあがない」(一〇・四五)であり、更にイエスが民衆とどのように接し、彼らを救ったかを述べるためにこの福音書は書かれた。マルコ福音書の著者は、原始教団のケリュグマについては、関心を示していなかった。イエスの人物像を書き上げることによって、イエスの生涯全体を、救済の出来事として描こうとしたと想像できる。

マルコ福音書の特徴として、復活物語が唐突に空虚な墓の話で終わってしまうことや、イエスの誕生物語が存在しない点などを指摘できる。もっとも、これらはマルコ以後に書かれた福音書と並列にならべて比較した場合に言えることなのであって、マルコ福音書自体は、歴史上最初の福音書として復活物語なしで、完結したものとして書き上げられたはずである。

そもそもイエスの人物像を書き上げることとは、パウロを中心とした当時のキリスト教の主流が目を向けなかったことである。信仰義認論や教義としてのバプテスマということのみをパウロは強調した。イエスが誰であったかということに目を向けずにいたパウロの宣教内容に対して、マルコは新しい福音とは何かという提言を行ったと言えるだろう。

また、マルコの著者は、むしろ独自なイエスの復活理解を展開していると考えられる。これはマルコの最終章を考察すれば明らかである。マルコ福音書が唐突に終わっているという印象を持たざるを得ないのは、他の後代に書かれた福音書と比較した場合に言えることである。マルコ福音書は一六章八節まででも十分に完結した内容を備えている。マルコ福音書一六章九節以下は写本によっては存在しない部分であり、加筆部分であるので、本来マルコ福音書が書かれた当初には存在しなかった部分である。

もし、仮にマルコの唐突な終わり方が最終部の写本の欠落によるものであるとしても、現行の一六章九節以下のような表記内容が存在したとはきわめて考えにくいだろう。なぜなら、加筆部分のイエスの言葉は、マルコ福音書中のイエスの言動と一致しているとは言えないからである。たとえば、一六・一五で「全世界に出て行って、すべての造られたものに福音を述べ伝えなさい。信じて洗礼を受ける者は救われるが、信じない者は滅びの宣告を受ける。……」とイエスが語っている。だが、生前のイエスの教えの中には、救いの条件として洗礼を要求するという考え方はなかった。洗礼を受けよという命令はイエスの弟子たちに対してさえまったく為されていないのである。イエスによる癒しの行為は、洗礼という教団加入を意味する儀式とはまったく無関係に行われていた。

およそ洗礼は、教会という組織が形成された過程において、バプテスマのヨハネの洗礼をキリスト教的に踏襲したものである。たとえば、イエス自身がバプテスマのヨハネから洗礼を受けているが、これはあくまでもヨハネ教団の教義による「洗礼」であるし、キリスト教の洗礼の教義上の意味は、イエスの死の直後にはまだ完成していなかっただろうと推測される。このように考えると、パウロ主義とエルサレム教会の教義への批判としてマルコ福音書が書かれたと考えることが妥当ではないのか。

マルコ福音書が書かれた頃の原始教団の信仰内容は、パウロ書簡から推測が可能である。これは原始教団のケリュグマ（宣教）と呼ばれるものである。たとえば、「わたしが最も大事なこととしてあなたがたに伝えたのは、わたし自身も受けたことであった。すなわちキリストが、聖書（旧約）に書いてあるとおり、わたしたちの罪のために死んだこと、そして葬られたこと、聖書に書いてあるとおり、三日目によみがえったこと、ケパ（ペテロ）に現れ、次に、十二人に現れたことである。」（「コリント人への第一の手紙」一五・三-五）

このように、イエスの十字架が人間の罪の贖いであり、三日後に復活したということを主張する。この信仰内容は、イエス以後、原始教団の宣教において定着したと考えられる。これらは初代数会（紀元三〇年頃のイエスの死から約四〇年間）における信仰告白定型である。これをギリシャ語で「ケリュグマ」、ラテン語で「クレドー」と呼ぶ。以下に新約聖書本文中のそれらのいくつかを列記する。

ローマ人への手紙　一章三-四節

御子に関するものです。御子は、肉によればダビデの子孫から生まれ、聖なる霊によれば、死者の中からの復活によって力ある神の子と定められたのです。この方が、わたしたちの主イエス・キリストです。

ローマ人への手紙　三章二三-二五節

人は皆、罪を犯して神の栄光を受けられなくなっていますが、ただキリスト・イエスによる贖いの業を通して、神の恵みにより無償で義とされるのです。神はこのキリストを立て、その血によって信じる者のために罪を償う供え物となさいました。それは、今まで人が犯した罪を見逃して、神の義をお示しになるためです。

ローマ書　四章二五節

イエスは、わたしたちの罪のために死に渡され、わたしたちが義とされるために復活させられたのです。

ローマ書　一〇章九節

口でイエスは主であると公に言い表し、心で神がイエスを死者の中から復活させられたと信じるなら、あなたは救われるからです。

ガラテア人への手紙　三章二八節

そこではもはや、ユダヤ人もギリシア人もなく、奴隷も自由な身分の者もなく、男も女もありません。あなたがたは皆、キリスト・イエスにおいて一つだからです。

テサロニケ人への第一の手紙四章一四節

イエスが死んで復活されたと、わたしたちは信じています。神は同じように、イエスを信じて眠りについた人たちをも、イエスと一緒に導き出してくださいます。

これらに共通していることは、イエスが十字架につけられて死んだことと、復活への言及こそあっても、一体、イエスがどのように生きた人物であるかがまったく欠落している点である。このことはケリュグマについてのみ言えることではなく、パウロ書簡全体についても同様である。そもそも、イエスが十字架に付けられたのは、彼がローマの権力や既成のユダヤ教と対立した結果でもあり、彼が神の子であったと告白されたのも、彼の生きざまの結果として出てきたものである。そのことを逆転してしまって、あたかも、神の子であるがゆえに、人間の罪のあがないのためにのみ地上に来られ、十字架において死をまっとうし、三日の後に蘇ったということにのみ終始する。このような宣教内容への反論としてマルコ福音書は書かれたと思われる。

パウロの場合、使徒言行録の内容からも分かるように、生前のイエスには一度たりとも会ったことがなかった。そんなパウロにとって、イエスが誰であったかということや十字架につけられた直接的な事実関係などにはまったく関心が無かったのかも知れない。イエスの十字架による罪の贖いには関心はあっても、パウロにとって、イエスの教えや行動など、どうでも良かったのかも知れない。その意味でも、最初にイエスの教えを系統だてて文書化し、イエスの生きざまを描いたマルコ福音書の意義は非常に大きい。

マルコにおいて、復活の記事が無いのは、削除されたり、抜け落ちたりしたからではない。最初から書かれていなかった部分だと考えられる。要するに、マルコ福音書は空虚な墓の話で完結していたのだ。なぜなら、著者マルコの言わんとする復活の意味は、マルコの最終部の空虚な墓の物語の天使の言葉から明確に示されている。

驚くことはない。あなた方は十字架につけられたナザレのイエスを捜しているが、あの方は復活なさって、ここにはおられない。ご覧なさい。お納めした場所である。さあ、行って弟子たちとペトロに告げなさい。『あの方は、あなた方より先にガリラヤへ行かれる。かねて言われたとおり、そこでお目にかかれる』と。（マルコ一六・六）

ガリラヤはイエスが宣教し、自らの生活拠点としていた場所である。ここへもう一度行けば、蘇ったイエスに出会うのだというメッセージは、パウロには無かった視点であっただろう。イエスの活動を継承することによってこそ、イエスがあたかも蘇り、そして、弟子たちの中にいつまでも生き、留まるという意味であると思われる。しかも、この言葉は、イエスが事前に述べていたとされる箇所、マルコ一四・二八の言葉「私は復活した後、あなた方より先にガリラヤへ行く」とも関連している。この言葉を受けて、空虚な墓の場面でガリラヤ伝道の指針が示される。そして、イエスに倣う宣教の実践において、復活のイエスに出会うのだとマルコは主張するのである。パウロの罪の赦しの十字架の宣教ではなく、イエスの宣教の継承、実践を説いているのである。

【執筆場所】

田川建三氏によれば、著者はガリラヤ地方を精神的風土とする人物であるとされる。そして、次のように述べている。「エルサレム教会を中心にして狭義の教会内伝承として伝えられたイエス伝承に多く依拠しつつも、イエスの思い出をそういう体制内宗教教団の設定した枠組、中央都市エルサレムの支配権力の構造の中に安住の場を見出していった教団の枠組の中に閉じ込めることに対して、極めて批判的であったこの著者は、好んで、ガリラヤ地方の地方民間説話として伝えられているイエス像を取材し、そうすることによって、イエスの活動の場としてのガリラヤの地方性、辺境性、民衆性の中に、イエス像をとりもどそうとしていったのである」。（田川建三著『マルコ　上』六頁　新教出版社、一九七二年）

著者、年代等は特定することが困難であるが、田川氏が指摘するように、マルコ福音書はイエスがガリラヤを拠点として活動し、いかに多くの民衆と触れあいながら教えを説いたかを強調する。そして、多くの人々を癒した奇跡物語が語られている。

ここで、田川氏が言うように、教団の枠組みに閉じこもらずにイエスを描こうとしたことは、次のような点からも想像できる。たとえば、マルコ執筆当時には、すでにパウロやエルサレム教会において、バプテスマは教義の最重要事項であったはずだが、イエスが多くの人々を癒す場面において民衆に対してそれが要求される描写が見あたらない。このことは、イエスがまずもってバプテスマを救いの絶対条件とは考えていなかったことを示すと共に、マルコは、パウロや当時の教団が宣教したバプテスマによる救いよりも、むしろイエスへの追従を書き綴ろうとしたのだと言える。

マルコ福音書におけるイエス像

マルコ福音書は、「神の子イエス・キリストの福音の初め」（マルコ一・一）という書き出しで始まる。イエスはバプテスマのヨハネによるヨハネ教団の洗礼を受けている。ヨハネはイエスのことを「私よりもさらに力のある方」とあかしする。はっきりしているのは、イエスの活動が開始される以前に、すでにバプテスマのヨハネ教団というものが存在し、イエスは少なくともそこに所属したということである。あたかもヨハネはイエスの到来を準備する者として働いたかのごとくであるが、順序としてはむしろ、イエスの方がヨハネ教団に接触を持ったと考えるべきであろう。

イエスの受洗の時には「わたしの愛する子」との天からの声がある（一・七、一・一一）。これはマルコ福音書がイエスをどのような人物として描くかという序章部分である。ガリラヤ伝道が始まり、人々は、イエスが律法学者とは異なる独自の権威をもった者のごとく語るのに驚く（一・二一―二二、二・七、六・二）。そして、悪霊払いを行い、病人がイエスによって癒される（一・二七、五・二〇、五・四二、七・三七）。

やがてイエスについて、民衆は「いったいこの方はどういう方なのだろう」（四・四一）という疑問を持ち始める。イエスの郷里ガリラヤの人々は「この人は大工ではありませんか」（六・三）と言う。つまり「神の子」としてのイエスの伝承に対して、ただの人間の子であるという批判的視点が存在していたと思われるが、それに対する論証的効果が「この方はどういう方なのだろう」という言葉に込められているのだとも窺われる。結局、イエスを追い出そうとする人々も出て来る（五・一五、五・一七）。また、ユダヤ教の指導者たちは、罪人や徴税人と共に食事をしたりするイエスへの警戒の念を強めることになる（二・一六）。つまり、原始キリスト教団がユダヤ教とどのように対立したかということが、イエス伝の一場面に反映されているのである。

イエスが罪を赦す権威を主張したり、ユダヤ教の伝統を批判したりすると、ユダヤ教指導者たちは強く反感を抱きはじめる（三・六）。だが、「神の聖者」（一・二四）、「神の子」（三・一一、五・七）などという告白が悪霊の口を通して語られる。一方、ユダヤの指導者たちは、イエスの悪霊払いそのものが悪霊の仕業だと決め付け（三・二二）、イエスが何者であるのかということが、むしろ分からない状態になって行く（六・一四-一五、八・二八）。そこで、イエス自身が「人々はわたしのことを何者だと言っているのか、……では、あなたがたは、わたしをだれだと言うのか」（八・二七-二九）と尋ね、ここでペテロの口を通して、「あなたは、メシヤです」との告白がなされる。しかし、ペテロの告白に対して「するとイエスは、ご自分のことをだれにも話さないようにと弟子たちを戒められた」（八・三〇）のである。

この他の部分でも同様に、イエスが病や身体的な障害をいやした時にも、誰にも何も言わないようにと命じている（一・四三-四四、五・四三、七・三六、参照八・二六）。癒された人々は、「口止めされればされるほど、かえって言い広めた」（七・三六、一・四五）という。悪霊もまたイエスが神の子であることを見抜くが、その口を封じられる（一・二五、一・三四、三・一二）。

このように、イエスが自ら「神の子」であることを秘密にしようとした記述がマルコにかなり多く存在する。これをW・ヴレーデ（W. Wrede）は「メシアの秘密」と呼び、このような記述がなされた背景を次のように考える。イエスのメシア性には二つの考え方が当時存在した。ひとつは、イエスがメシアとされたのは十字架と復活によるものとする立場であり、ほかに、イエスはもともと生来メシアとして世に来たとする考え方である。これらを整合するものとして、イエス自身がメシアとして世に来たものであるということを、人々に対しては秘密にしようとしていたとするのが「メシアの秘密」の記述であると言う。

こうした「メシアの秘密」の箇所は、特にマルコ福音書の前半（一・一-八・三〇）に集中している。そして、九章ではいよいよ「神の国が力あふれて現れるのを見るまでは、決して死なない者」（九・一）として、イエスは自らを宣言する。メシアとしての「人の子」の復活予言がなされ、三人の弟子に、復活まではそのことを公にしないようにとの忠告を付け加える（九・九）。

ローマの百人隊長が「この方はまことに神の子であった」（一五・三九）と告白する箇所がある。これはイエスが十字架に架けられて亡くなった姿を見て語ったものである。異邦人であるローマ人が、イエスを神の子であると告白している。当時、最大の体制側宗教であったユダヤ教に対して、キリスト教の告白する「メシア」は「秘密」であり続けた。しかし、その一方で、ローマの百人隊長のような異邦人には、神の子が開示されたのである。これは明らかに、マルコのキリスト教もまた異邦人世界へ伝播されたことを示している。更に興味深いのは、復活したイエスを神の子と告白したのではなく、十字架上で死に至るまでの生き様をしたがゆえに、イエスを神の子と告白した点である。

三　マタイ福音書

【マタイ福音書のアウトライン】

一、イエスの誕生からナザレ定住まで（一―二章）

二、伝道活動開始に至るまでの期間（三―四章）

三、ガリラヤを中心とする伝道（五―一八章）

四、エルサレムへの旅（一九―二〇章）
五、エルサレムでの日々と十字架上での死（二一―二七章）
六、復活と伝道命令（二八章）

マタイ福音書は、イエスの教えを多く収録し、次の五つの説教にまとめている。①山上の説教（五―七章）、②神の国到来と宣教の使命に関する説教（一〇章）、③天国についての説教（一三章）、④宗教共同体の組織についての説教（一八章）、⑤終末説教（二四―二五章）。

【成立年代】

執筆時期は、ローマ帝国によるAD七〇年のエルサレム陥落が、二二・七や二四・一五などに反映していると言われ、この事件以後に書かれたと考えられている。しかしながら、ユダヤ戦争を彷彿させるイエスによる黙示的説教はマルコ福音書にも存在するので、これだけを根拠として、マタイの成立年代を想定することはできない。

内容的には、マタイがマルコを資料としたと考えることが可能であり、マルコの成立年代よりも後代となる。内容はマルコ福音書を骨子とし、新たにQ資料とM資料によって加筆されている。量的にはマルコよりはるかに字数も増えているが、マルコの引用と思われる部分は短くされているところも多い。執筆時期はマルコ以後の七〇年代から九〇年代と思われる。

【著者】

著者を特定することは、マルコの場合と同様に困難である。しかし、記述内容からマタイの著者の信仰的傾向や特徴は明瞭であり、著者はディアスポラ系ユダヤ人であったと考えられる。

マタイ福音書には旧約律法の引用が多く、律法厳守が強調される。たとえば、マルコ福音書一二・三八－四〇では、イエスは次のように言う。「イエスは教えの中でこう言われた。「律法学者に気をつけなさい。彼らは、長い衣をまとって歩き回ることや、広場で挨拶されること、会堂では上席、宴会では上座に座ることを望み、また、やもめの家を食い物にし、見せかけの長い祈りをする。このような者たちは、人一倍厳しい裁きを受けることになる」。これがマタイ二三・一－三では「それから、イエスは群衆と弟子たちにお話しになった。「律法学者たちやファリサイ派の人々は、モーセの座に着いている。だから、彼らが言うことは、すべて行い、また守りなさい。しかし、彼らの行いは、見倣ってはならない。言うだけで、実行しないからである。」というように書き換えられている。マタイは律法それ自体の権威をけっして否定しない。

マタイ五・一七－一九では、特にユダヤ律法の尊厳がイエスの口を通して説かれている。「わたしが来たのは律法や預言者を廃止するためだ、と思ってはならない。廃止するためではなく、完成するためである。はっきり言っておく。すべてのことが実現し、天地が消えうせるまで、律法の文字から一点一画も消え去ることはない。だから、これらの最も小さな掟を一つでも破り、そうするようにと人に教える者は、天の国で最も小さい者と呼ばれる。しかし、それを守り、そうするように教える者は、天の国で大いなる者と呼ばれる。言っておくが、あなたがたの義が律法学者やファリサイ派の人々の義にまさっていなければ、あなたがたは決して天の国に入ることができない」。この言葉から推測されるのは、マタイ福音書の著者は、既存の体制宗教であったユダヤ教を克服するものとして、原始キリスト教が存在すると主張する。たとえば、吉本隆明氏は『マチウ書試論・転向論』（講談社文芸文庫、一九九〇年）において、マタイ福音書の中の原始キリスト教とユダヤ教の関係を、近親憎悪の関係であると指摘した。そこにはどこまで行っても互いに異端と正統を主張しあう構造が生まれざるを得ない。それを吉本氏は「関係の絶対性」と呼んでいる。ここから宗教における異端と正統、あるいは宗教の絶対性とは何かという問題へ派生していくことができる。また、いかなる思想の対立においても、結局はそれらが「関係の絶対性」という循環の中に入り込むということが示されている。

以上のようなことから、マタイ福音書の記者は強い律法主義的傾向を持つユダヤ人キリスト者と考えられる。マタイ福音書の立場は、ユダヤ教律法を完成する宗教としてキリスト教が存在するのであり、ユダヤ教の思想の延長上にキリスト教を置き、ユダヤ的キリスト教を志向したと思われる。また、マタイ福音書には、教会論やキリスト論に関する教団の姿勢が反映されている。

イエスの弟子マタイが書いたとする立場

「マタイ」の名が付されているので、記者はイエスの一二弟子の一人と信じられてきたが、その根拠はない。

四世紀の教会史家エウセビウスの『教会史』五・八・二に、二世紀後半の教父エイレナイオスの言葉が次のように引用されている。「マッタイオス（マタイ）は、ヘブル人のために彼らの言語で福音の文書を著した。それはペトロス（ペテロ）とパウロス（パウロ）がローマで伝道し、教会の基礎をつくっていた頃である。」（参照、エウセビオス著『教会史』第二巻、秦剛平訳、山本書店、一九八七年）
また、同じく教会史家エウセビオスの『教会史』三・三九・一六には、ヒエラポリスの監督パピアス（二世紀前半）の言葉が記されている。「マッタイオス（マタイ）は、ヘブル語で託宣《ロギア》をまとめた。各人はその能力に応じてそれを解釈した」。この言葉の通りならば、マタイ福音書はヘブル語を話すイエスの弟子マタイによるものであるということになる。

イエスの弟子であったマタイが記したとする立場では、次のような点が論拠とされる。まず、イエスの教えが多く収録されているが、これはイエスの側近であった徴税人マタイだから可能であったとする。更に、宮への納入金（一七・二四―二七）、借金の返済（一八・二一―三五）、賃金の支払い（二〇・一―一六）、兵士たちの買収（二八・一二―一五）など、徴税人の関心を引くような独自な部分がマタイ福音書に存在する。これらを根拠として、マタイ福音書の筆者は徴税人であったイエスの弟子マタイであると主張される。

イエスの弟子マタイが書いたという立場への反論

イエスの弟子であった徴税人マタイが目撃証言を書いたという説は採用しがたい。マタイ福音書には旧約聖書のユダヤ教律法の挿入が多いが、徴税人マタイなる人物が、このように律法や神学的知識を備えていたとは考えにくい。

マタイ福音書の編集句においても、イエスの出来事についての報告は技巧的であり、目撃者としての切迫感や感慨のようなものが特に書き込まれていない。筆者らの記憶にもとづいて福音書が書かれているのではなく、マルコを基本資料として、独自資料を加えて書き上げたのである。

マタイ福音書に出てくるキリスト論や教会論、律法に対する関心等は、イエスの説教をただ羅列しているのではなく、イエス以後に形成されたと思われる教会の思想を表している。もし、弟子マタイによるものだとすれば、マタイ福音書で強調されるキリスト論や教会論、律法に対する関心等が、イエスの思想に近いものであることになる。だが、マタイ福音書が、マルコ福音書にない教会論等を展開しているのであるから、これらの考え方はイエス以後、マタイ福音書を生み出したキリスト者集団によって、生み出されたものと考えることができる。また、マタイ福音書は、最初からギリシャ語で記されたと考えられる。

【マタイ福音書の執筆資料】

①マルコ福音書

マルコ福音書全体の九割以上が何らかの形で引用、参照されている。だが、マルコからの引用箇所は短縮されているところが多い。

②Q資料（マルコとルカの共通資料）

Q資料は、イエスの語った言葉を編集した語録的なものであったと考えられる仮説の資料である。Q資料と思われるところを抜粋しても、そこにイエスの生涯に関するストーリー性はあまりない。

よって、マタイは、福音書構成の骨格にマルコを使用し、Q資料を付加したと思われる。

③M資料（マタイ福音書の筆者が採用した独自の資料）

M資料にはマタイ福音書の特徴が如実に現われている。すでに指摘したマタイ五―一七―一九のような箇所である。M資料はマタイにしかない部分であるから、このような箇所には、マタイ福音書の独自な思想が反映されている。マルコ福音書がすでに存在するにも関わらず、さらに福音書を必要としたのは何故か。それについて、M資料は明示していると言える。

【マタイ福音書の特徴】

❶約六〇回に及ぶ旧約の引用があり、「このすべてのことが起ったのは、主が予言者を通して言われていたことが成就するためである」（マタイ一・二二）のように、「……と言われたことが成就するためである」という表現が多く、イエス・キリストによって旧約の律法が成就したと主張する。そして、律法の完成のためにイエスが来た（マタイ五・一七）と言う。

❷マタイ福音書のみが教会（エクレシア）という語を含む。

「教会」という言葉が使われているが、原始キリスト教ではユダヤ教の会堂であったシナゴグにてキリスト教徒も集会をした。これらは使徒言行録にも記されている。だが、マタイ福音書では、シナゴグに代わるものとして教会（エクレシア）を建てると言う。

イエス時代には、イエスの教えによる集団は、キリスト教という宗教教団的アイデンティティを確立していなかったであろう。よって、教会（エクレシア）の形成という考え方は、イエス以後の教団のものでしかない。

自らの集会の拠点をあえてユダヤ教のシナゴグという言い方で表記せずに、エクレシアという言葉によって表わしたのは、宗教共同体として、既存のユダヤ教とは異なるものを意識した結果であろう。エクレシアの形成は、マタイ教団の主張として理解できる。もともと、キリスト教はユダヤ教から分派として世に出てきたものであり、当初はユダヤ教の会堂（シナゴグ）で集会をしたが、エクレシアによって、少なくともマタイ教団は、キリストを信じる新たな共同体の形成を唱えたと思われる。

マタイ以外の福音書には「教会（エクレシア）」という語は存在しない。「あなたこそキリストです」（マタイ一六・一六）と告白したペトロに対して、イエスは「わたしも言っておく。あなたはペトロ。わたしはこの岩の上にわたしの教会を建てる。陰府の力もこれに対抗できない。」（一六・一八）と語る。そして「わたしはあなたに天の国の鍵を授ける。あなたが地上でつなぐことは、天上でもつながれる。あなたが地上で解くことは、天上でも解かれる。」（一六・一九）と言う。この記述から、ローマ・カトリック教会は、イエスはペテロに「教会」形成を委ねたと考え、教皇の権威をここから主張している。

しかしながら、マルコ福音書等ではそのような教団形成の意図は明確に示されていない。これはマタイの独自な箇所であり、マタイ福音書には、教会（マタイ教団）の権威を論証する意図があったことが想像される。

この箇所は「それから、イエスは、御自分がメシアであることをだれにも話さないように、と弟子たちに命じられた。」（マタイ一六・二〇）という記述へ続く部分であり、マルコの項で指摘した「メシアの秘密」にマタイ的な修正が加えられ、教団形成を行う権威の根拠が示されている。マタイ福音書では「あなたがたが地上でつなぐことは、天上でもつながれ、あなたがたが地上で解くことは、天上でも解かれる」（一八・一八）と教会の権威が強調される。マルコ福音書では、弟子たちはイエスの教えを聞いても理解できずに、イエスから叱責を受ける（マルコ八・一七、二一）が、マタイ福音書では、弟子はむしろイエスの教えをよく理解し、一般の民衆とは違う存在として描かれるのである。

③教会の権威と党派性

「教会」の権威は以下のような箇所で強調される。

15 兄弟があなたに対して罪を犯したなら、行って二人だけのところで忠告しなさい。言うこ
とを聞き入れたら、兄弟を得たことになる。16 聞き入れなければ、ほかに一人か二人、一緒に
連れて行きなさい。すべてのことが、二人または三人の証人の口によって確定されるようになる
ためである。17 それでも聞き入れなければ、教会に申し出なさい。教会の言うことも聞き入れ
ないなら、その人を異邦人か徴税人と同様に見なしなさい。18 はっきり言っておく。あなたが
たが地上でつなぐことは、天上でもつながれ、あなたがたが地上で解くことは、天上でも解かれ
る。19 また、はっきり言っておくが、どんな願い事であれ、あなたがたのうち二人が地上で心

を一つにして求めるなら、わたしの天の父はそれをかなえてくださる。20 二人または三人がわたしの名によって集まるところには、わたしもその中にいるのである。(マタイ福音書一八・一五-二〇)

教会(エクレシア)という語を使用する福音書は四福音書中でマタイ福音書だけである。この言葉はギリシャ語の「召集する」という意味の語から派生している。(たとえば、使徒言行録七・三八にも同じ言葉が使われる。「この人が荒れ野の集会において、シナイ山で彼に語りかけた天使とわたしたちの先祖との間に立って、命の言葉を受け、わたしたちに伝えてくれたのです」。これは、イスラエルの民が荒野を放浪していた時の集会について語っている箇所であるが、この「集会」はエクレシアである。)

マタイ福音書は、自分たちの教会(エクレシア)の存在根拠を、イエスによって建てられたものだと主張する。マタイ一六・一八で、「私も言っておく。あなたはペトロ、私はこの岩の上に私の教会を立てる。黄泉の力もこれに対抗できない。」この言葉がイエス自身の口から出されたものであるかどうかは疑問であるが、マタイはこのような記述を入れることによって、ユダヤ教との差異を明確に示そうとしたのだろう。

マタイ福音書一八・一五以下の記述では、旧約聖書の律法に従いつつも、「教会」の権威がユダヤ教の祭司の権能に代わるものとして描かれている。たとえば、申命記一九・一五―二一には、次のような裁判の証人に関する規定が記されている。

15いかなる犯罪であれ、およそ人の犯す罪について、一人の証人によって立証されることはない。二人ないし三人の証人の証言によって、その事は立証されねばならない。16不法な証人が立って、相手の不正を証言するときは、17係争中の両者は主の前に出、そのとき任に就いている祭司と裁判人の前に出ねばならない。18裁判人は詳しく調査し、もしその証人が偽証人であり、同胞に対して偽証したということになれば、19彼が同胞に対してたくらんだ事を彼自身に報い、あなたの中から悪を取り除かねばならない。20ほかの者たちは聞いて恐れを抱き、このような悪事をあなたの中で二度と繰り返すことはないであろう。21あなたは憐れみをかけてはならない。命には命、目には目、歯には歯、手には手、足には足を報いなければならない。

旧約律法の下で、ユダヤでは祭司らは民間の紛争解決にも従事していたが、それに代わるものとして、マタイの教会がその権威と権能を持つのである。これは明らかに、マタイ教団がユダヤ教という枠の中から出てきたものであっても、そこから、さらにキリスト教のアイデンティティを明確にしようとする表われである。

マタイの教会の権威の主張は、ユダヤ教の権力に対する反権力的なものであったと言えるだろうか。また、民衆による改革的なものであったのだろうか。そうだと言い切るには少し無理がある。ユダヤ教を意識すればするほど、まるでコンプレックスを他に向けるかのように、次のような言葉をマタイは記すのである。「それでも聞き入れなければ、教会に申し出なさい。教会の言うことも聞き入れないなら、その人を異邦人か徴税人と同様に見なしなさい」（マタイ福音書一八・一七）。これは明らかに、マタイの教団が、異邦人への蔑視と、職業による階級意識を備えたものであったことを物語っている。ここから想像されるのは、マタイの著者は、少なくとも異邦人ではなかったということである。イエスの弟子マタイのように「徴税人」でもなかったのである。徴税人は、その税金を徴収して異邦人国家であるローマ帝国へ納めるための下働きをするということで蔑まれていた。マタイはそのような差別意識をここに露呈する。このことは、イエスが異邦人や罪人と共に食事をし、彼らを受け入れたとされるマタイ九・一〇－一三のような箇所とも明らかに矛盾する。このような矛盾が起こる理由は、マタイ九・一〇－一三が、マルコ福音書をベースにして書かれた部分であって、むしろ、マタイ一八・一七の異邦人と徴税人蔑視の方が、マタイ福音書の記者の主張なのである。言うまでもなく、マタイ一八・一七は、マタイの独自な記述箇所（M資料）である。

④ユダヤ人キリスト者を対象とする。

マタイ福音書では、最初にイエス生誕の礼拝をしたのは、ユダヤ人ではなく、東方から来た占星学の博士たちであったとされる（二・一）。彼らは異邦人であったにもかかわらず、イエスを「ユダヤ人の王」と呼ぶ。このことは、外国やディアスポラ（ユダヤから他国へ離散したユダヤ人）への伝道を、マタイ教団が意識していたことを物語っているのではないのか。すなわち、イエスがユダヤ人のみの救世主ではないことが、東方の博士らが誕生を祝ったことによって示される。更に、彼らが「ユダヤ人の王」とイエスを呼ぶことで、ユダヤ教の克服者としてのイエス・キリストが示されるのである。

「ユダヤ人の王」という言葉は、他の福音書ではイエスの罪状として記されているだけであるが、マタイ福音書ではこのように冒頭に位置する。

さらにマタイは、イエスの系図を記し、イエスをダビデ王朝の血統に属す者として強調する。「ユダヤ人の王」は十字架に架けられ、政治犯としてローマ帝国によって処刑されることになる。

（＊ヨハネ福音書では一九・二一「ユダヤ人の祭司長たちがピラトに、『『ユダヤ人の王』と書かず、『この男は「ユダヤ人の王」と自称した』と書いてください」と言った。」とあり、ユダヤの王であることを、イエスの「自称」に過ぎないもののように言おうとする。ここには、ヨハネ福音書の独自の考え方が折り込まれたと見るべきである。）

⑤「しかし私はあなたがたに言う」（マタイ五・二二、五・二八、五・三九、五・四四）という表現が多い。

【マタイ福音書の執筆目的】

既に、マルコ福音書が世に出ていたが、あえてマタイの著者は、自分たちの教団の主張を加味した福音書の必要性を感じたと思われる。マタイ的な教義の整合性を踏まえたイエス伝を、マタイの著者は記そうとした。

四　ルカ福音書

【ルカ福音書のアウトライン】
献呈の辞、洗礼者ヨハネとイエスの誕生（一―二章）
伝道活動までの準備期間（三章―一三章）
ガリラヤ伝道（四章一四―九章五〇）
エルサレムへの旅（九章五一―一九章二七）
エルサレムでの活動（一九章二八―二一章三八）
受難と復活（二二章―二四章）

【成立年代】
AD七〇―九〇頃。エルサレム陥落の後、使徒言行録の書かれる以前と考えられる。また、マルコ福音書を参照したことは間違いないと思われるので、マルコ以後の執筆年代を想定せねばならない。

【ルカ福音書の著者】

エイレナイオス（一八五年頃のリヨンの司教）が『異端反駁』三・一・一（キリスト教教父著作集三／一、小林稔訳、教文館、一九九九年）で、次のように述べる。「ペトロとパウロがローマに福音を伝え、教会を基礎づけていた時、マタイはヘブライ人の間にあって彼らの言葉で福音の書を〔も〕公にした。彼ら〔ペトロとパウロ〕の死後、ペトロの弟子・通訳であったマルコもペトロから宣べ伝えられたことを書物の形で、私たちに伝えた。またパウロの門弟ルカも彼〔パウロ〕から宣べ伝えられた福音を書物の中に書きつけた。その後、主の弟子で、またその胸によりかかったヨハネもアシアのエフェソにいた時、福音書を公にした。」パウロの弟子ルカが、パウロの言葉を書物に記したと述べている。このことから、パウロの伝道旅行に同伴したルカ（フィレモン二四）がルカ福音書を書いたと考えられて来た。また、このルカは医者であったとされて来た（コロサイ四・一四）。

一七四〇年にムラトリによって発見された、現存する最古の新約聖書目録表である『ムラトリ聖典表』（二世紀後半のものと思われる）においては、医師ルカがパウロの助手として同行した。そして、イエスに会ったことはなかったが、福音書を記した。また、使徒たちの行伝を一冊にまとめ、使徒言行録を書いたと述べている。（参照、田川建三著『書物としての新約聖書』一八九頁以下、一九九七年、勁草書房。ここに田川氏による翻訳が掲載されている。）

しかし、ルカ福音書がマルコを参照して書かれたことは疑いようがない。ルカ福音書は、マルコ福音書以外の文献資料を駆使して独自の神学的主張を行い、単なる報告書的な文献にとどまらない。ルカの教団の思想性、神学的整合性を意図しながら執筆されている。

ルカ福音書の文中に、著者の名は一度も記されていない。ただ、一・三に「私も」と一人称代名詞で登場する。

ルカ福音書の著者が、使徒言行録の著者と同一人物であるということは、次の記述から確認できる。ルカ一・一-二では「敬愛するテオフィロさま……」と記され、使徒言行録一・一においては「テオフィロさま、私は先に第一巻を著わして……」と記されている。共に「テオフィロ」という人物の名が出され、両書がテオフィロへ献呈されたものだというのである。使徒言行録一・一にいう「第一巻」とはルカ福音書である。

ルカ福音書一・一-二

私たちの間で実現した事柄について、最初から目撃して御言葉のために働いた人々が私たちに伝えたとおりに、物語を書き連ねようと、多くの人々が既に手を着けています。そこで敬愛するテオフィロさま、私もすべてのことを初めから詳しく調べていますので、順序正しく書いてあなたに献呈するのがよいと思いました。

使徒言行録一・一-二

テオフィロさま、わたしは先に第一巻を著して、イエスが行い、また教え始めてから、お選びになった使徒たちに聖霊を通して指図を与え、天に上げられた日までのすべてのことについて書き記しました。

これらの献呈の辞によれば、著者は調べたことを順序正しく書き連ねたと言っている。しかし、自分が目撃したことを証言として書き連ねるとはけっして言っていない。生前のイエスとは、会ったことがなかったのである。資料を収集し、順序正しく整理しようと試みたと述べているだけである。

客観的に執筆年代を決定付けるのは困難であるが、マルコ福音書を資料として書かれていることは間違いないので、ルカの執筆はマルコ以後の七〇年代から九〇年代が考えられる。

【ルカ福音書の特徴】

①献呈の辞で、「すべてのことを初めから詳しく調べていますので、順序正しく書いて」と述べているように、歴史文献としての体裁を整えようとしている。そして、「テオフィロ」という人物への献呈文書という形式をとる。だが、内容的には、ルカ福音書も他の福音書と同様に史的事実性を正確に描写した文章というよりは、独自の神学思想を主張する文献である。「テオフィロ」が誰であったのかは分からない。ローマ帝国の高官であっただろうと想像されるが、特定はされていない。

②詳しい誕生物語と歴史書的性格

二章一節で、皇帝アウグストゥスの治下、住民登録の時期にイエスが誕生したと述べている。キリスト誕生の出来事を他の歴史の事実と関連させて、その事実性を強調しようという著者の意図が見られる。

また、「今から」、「そこで」、「その後」など、「時」を表わす語句が多用されるのもルカの特徴である。他の史実への言及を背景に、旧約の預言がイエスにおいて成就したことを主張する。

③神による救済史を描こうとした神学書

旧約において預言された救いが、ナザレのイエスによって到来し、イエスこそ約束の救い主であるとルカは告げる。しかも、約束の救い主は十字架に架けられた受難のメシヤであった。このメシヤの受難は、旧約聖書の預言が成就するための神の計画であるとルカは考えた（二四・二七）。それゆえ、次に示すような箇所では、あたかもすべてが予定されていたかのように、言い切る表現がなされている。

九・二二　人の子は必ず多くの苦しみを受け、長老、祭司長、律法学者たちから排斥されて殺され、三日目に復活することになっている。

一三・三三　だが、わたしは今日も明日も、その次の日も自分の道を進まねばならない。預言者がエルサレム以外の所で死ぬことは、ありえないからだ。

二四・二六　メシアはこういう苦しみを受けて、栄光に入るはずだったのではないか。

④異邦人キリスト者を対象とする福音

イエスのことをルカ二・三二では、「異邦人を照らす啓示の光。御民イスラエルの栄光」と記している。また、イエスの系図についても、ルカとマタイを比較するとかなり異なる点がある。マタイ福音書一・一七では、アブラハムを経てダビデ王朝の血をひくものとして、順にイエスへ至るという系図となっているのに対して、ルカ福音書三・二三—三八では、「イエスが宣教を始められたときはおよそ三十歳であった。イエスはヨセフの子と思われていた」という書き出しで始まる。「思われていた」という表現も興味深いが、さらに、ルカでは、イエスの出生からさかのぼって、アブラハムに至り、三・三八「エノシュ、セト、アダム。そして神に至る」と記される。これはイエスがイスラエル民族の救世主であるというよりも、その民族性を超えた救い主として世に来たことを主張するために、あえてアダム、神へとさかのぼるように記されているものと思われる。またイエスはヨセフの子であるということよりも、出自が「神に至る」ことが強調される。

⑤独自のたとえ話（L資料）によって、罪人の救いを強調する。

「罪人」とは、ギリシャ語ではハマルトーロス ἁμαρτωλός という言葉である。

罪人という言葉は、現代ではキリスト教の教義の下で、宗教的意味のみが先行しているが、この言葉には社会性と階級性が込められていたと思われる。ルカ福音書はそのような人々の救いを積極的にイエスによる譬え話の中で展開する。これらはルカ独自の資料であり、L資料と呼ばれている。

徴税人が異邦人や罪人と同様に見なされていたことは、福音書の中に何度も記されている。福音書に記されている徴税人は、主にローマ帝国への税金（租税や関税）を取り立てる徴税請負人や、集金にあたる下級税吏のことである。ローマの各属州は、それぞれ独立の関税地域として州ごとに関税を納めた。属州のほかにも、ローマによって一応の独立を承認されていた属国や独立都市などからも関税が徴収された。この税を徴収したのが徴税人である。徴税人は一定の地域で、一定額のノルマを課せられ、その超過分から収入を得た。そこで、収入を増やすために、色々な悪辣な方法を用いた徴税人の頭《かしら》は、巨大な富を貯えることもあったと思われる。また、下請けの徴税人は、人々の非難の中で税を取り立てた。（ルカ三・一三参照）

特に律法学者やパリサイ人は、徴税人を「汚れた者」、罪人と見なした（マタイ九・一〇、マルコ二・一五‐一六、ルカ五・三〇、七・三四、一五・一、一九・二‐七）。また、異邦人（マタイ五・四六‐四七、一八・一七）や遊女（マタイ二一・三一）と同様に見られている。しかし、イエスは徴税人とも積極的に接触する（マタイ一一・一九、マルコ二・一五、ルカ五・二七、二九、一九・五、マタイ二一・三一、ルカ三・一二、一五・一、一八・一三‐一四等）。レビの名で知られていたマタイは、カペナウム地区の徴税人であった（マタイ九・九）が、イエスの十二弟子の一人となった（マタイ九・九、マルコ二・一四、ルカ五・二七）。

ルカ福音書では、徴税人ザアカイはエリコ地区のかなりの徴税権を支配していた徴税請負人であったと思われるが、イエスと出会って回心する（ルカ一九・一‐一〇）。また、ルカ福音書では、ファリサイ派と徴税人を比較して、自らを罪人と告白する徴税人の方こそ、神に義とされたという話が記されている（ルカ一八・九‐一四）。

⑥L資料にはルカ特有の譬え話が多く挿入されている。

［放蕩息子］ルカ一五・一一―三二。

この物語では、金持ちの二人の息子のうち、弟が「父よ、あなたの財産の内で、私がいただく分をください」と言って、父親に生前贈与を求める。しかし、結局、彼は相続した財産のすべてを使い果たして無一物となり、再び、父親のところに帰ってくる。父親は、その息子を突き放すどころか、指輪をはめてやり、祝宴まで行って帰還を祝福した。一方、兄は何年も父に仕え、言いつけに背いたこともないが、そのような宴の催しなどしてくれたこともないと不平を言う。だが、父親は次のように言う。「子よ、お前はいつもわたしと一緒にいる。わたしのものは全部お前のものだ。だが、お前のあの弟は死んでいたのに生き返った。いなくなっていたのに見つかったのだ。祝宴を開いて楽しみ喜ぶのは当たり前ではないか（ルカ一五・三一―三二）」。父親とは神を表わし、ここにルカ福音書は神のもとに回心してもどって来た者を、神はけっして拒まれないということを示す。同様の考え方が、L資料（「善きサマリヤ人」ルカ一〇・二五―三七、「ザアカイの回心」ルカ一九・一―一〇）などにも見受けられる。また、「不義な裁判官」（ルカ一八・一―八）でもルカ特有の救済論を展開している。

［九十九匹と一匹の羊］

ルカ福音書ではQ資料にも独自のアレンジを行っている。「見失った羊」の譬えを見てみよう。

マタイ一八・一〇―一四

10「これらの小さな者を一人でも軽んじないように気をつけなさい。言っておくが、彼らの天使たちは天でいつもわたしの天の父の御顔を仰いでいるのである。

11（＊底本に節が欠落、異本訳）人の子は、失われたものを救うために来た。
12 あなたがたはどう思うか。ある人が羊を百匹持っていて、その一匹が迷い出たとすれば、九
十九匹を山に残しておいて、迷い出た一匹を捜しに行かないだろうか。
13 はっきり言っておくが、もし、それを見つけたら、迷わずにいた九十九匹より、その一匹の
ことを喜ぶだろう。
14 そのように、これらの小さな者が一人でも滅びることは、あなたがたの天の父の御心ではな
い。」

ルカ一五・一—七

1 徴税人や罪人が皆、話を聞こうとしてイエスに近寄って来た。
2 すると、ファリサイ派の人々や律法学者たちは、「この人は罪人たちを迎えて、食事まで一緒
にしている」と不平を言いだした。
3 そこで、イエスは次のたとえを話された。
4 「あなたがたの中に、百匹の羊を持っている人がいて、その一匹を見失ったとすれば、九十九
匹を野原に残して、見失った一匹を見つけ出すまで捜し回らないだろうか。
5 そして、見つけたら、喜んでその羊を担いで、
6 家に帰り、友達や近所の人々を呼び集めて、『見失った羊を見つけたので、一緒に喜んでくだ
さい』と言うであろう。

7 言っておくが、このように、悔い改める一人の罪人については、悔い改める必要のない九十
九人の正しい人についてよりも大きな喜びが天にある。」

以上の並行記事は、一見する限りでは、大きな相違はないかのように読めてしまう。だが、ギリシャ語の原文を比べると興味深いニュアンスの違いがある。特に、マタイ一八・一二とルカ一五・四を比較すると、マタイでは「九十九匹を山に残しておいて」とある部分の「山」は ὄρος であり、山か丘のようなところに、九十九匹が残されるという意味である。しかし、ルカでは「九十九匹を山に残しておいて」と訳される部分の「野原」は「荒野の、孤独な」という意味の ἔρημος という語を用いて書かれている。よって、「淋しい見捨てられた土地、荒地」という意味である。しかも、「残しておいて」とあるのは、καταλείπω であり、これは「見捨てる、捨てる」という意味である。よって、ルカは九十九匹を捨ててでも、神が他の一匹を顧みられるのだと言う。しかも、ルカ一五・七では「このように、悔い改める一人の罪人については、悔い改める必要のない九十九人の正しい人についてよりも大きな喜びが天にある」と付け加えられ、悔い改める一人の罪人の存在は、他のもともと正しいとされた九十九名以上に、神が救済の手を差し伸べられるのだと言う。

罪人の救いを主張するルカの思想は、明らかにパウロの異邦人伝道とも通底するものである。パウロは、神が選んだ民としてのイスラエルは、割礼を受けたユダヤ人だけではなく、異邦人も含まれているということを念頭に置いていた。ルカ福音書の著者が、使徒言行録を記し、その本文中に三度もパウロの回心について触れているのもけっして偶然ではない。（＊このように罪人の救いを強調するル

カの立場は、親鸞の『歎異抄』の善人よりも悪人こそ救われるとする悪人正機にも似たものがある。）

⑦異邦人伝道について、ルカはマタイとは異なる考えに立つ。

ユダヤ人とサマリヤ人は、イエスの時代には互いに不仲であった。このことはマタイ福音書一〇・五にも記されている。「異邦人の道に行ってはならない。また、サマリア人の町に入ってはならない」。ところが、ルカ福音書九・五二では次のように書かれる。「そして、先に使いの者を出された。彼らは行って、イエスのために準備しようと、サマリア人の村に入った」。次に、ルカ九・五三では「しかし、村人はイエスを歓迎しなかった。」と記され、逆に、イエスの方がサマリヤ人から拒絶されたように記されている。また、ルカは、善きサマリヤ人の譬え話（ルカ一〇・二五–三七）によって、救いは民族性を超えたものであることを強調する。

ルカ一七・一一–一九では、イエスはエルサレムへ上る途中、サマリアとガリラヤの間を通り、ある村に入って重い皮膚病を患っている十人の人を癒す。だが、癒されてから、イエスのもとに帰ってきて感謝の言葉を告げたのは、たった一人のサマリヤ人であった。ここでも、サマリヤ人の誠実さを強調し、もはや救いがユダヤ人だけのものではないことを示している。イエスは、「清くされたのは十人ではなかったか。ほかの九人はどこにいるのか。この外国人のほかに、神を賛美するために戻って来た者はいないのか。」と述べ、戻って来たサマリヤ人に「立ち上がって、行きなさい。あなたの信仰があなたを救った。」と言って祝福する。このように、明らかにルカ福音書は異邦人の救いを強調し、異邦人伝道を意識する。

五　ヨハネ福音書

ヨハネ福音書は共観福音書には含まれない。この福音書の九割以上が独自の資料によって書かれている。また、イエスがキリストであるという、キリスト教の基本的な教義ができあがった時代以降の作品であることは、一読すれば分かる。イエスの生涯についてのストーリー性がかなり浮き彫りにされ、かつ、イエス自身の言葉として、自らの生と死を、人間の救済のために全うするという意味の表現が前面に押し出されている。

他の福音書が第一、第二福音書というような呼ばれ方をすることはないが、特にヨハネ福音書は第四福音書と呼ばれたりもする。

「ヨハネの福音書」という呼び名が付されているが、著者が誰であるかについて、具体的な名前が挙げられている箇所は本文中には存在しない。この点は他の福音書とも同様である。「ヨハネによる」（カタ・ヨーアンネーン）という表題が見出されるが、あくまでもこれは表題であり、イエスの弟子ヨハネが著者であるとする根拠とは言えない。

この福音書には、史的イエスについての言及よりも、原始教団の教義と思想がきわめて技巧的に織り込まれている。

【ヨハネ福音書のアウトライン】

序文　一章一―一八　世の初めから存在し、この世で人となったロゴスへの賛美
第一部　一章一九―一二章五〇　神の子としてのイエスの活動
第二部　一三章一―二〇章二九　神に愛されている神の子イエスが受難の後、天の栄光の世界へ帰る。
結び　二〇章三〇―三一　本書の目的
追加　二一章一―二五　加筆（復活後のイエスと弟子たち）

【成立年代】

一世紀の九〇年代から二世紀の初め頃に書かれたと考えられる。

【著者】

エイレナイオスは、「主の弟子で、またその胸によりかかったヨハネもアシアのエフェソにいた時、福音書を公にした。」と述べている。（参照、『異端反駁』三・一・一、キリスト教教父著作集三/一、小林稔訳、教文館、一九九九年）

「主の弟子」で、イエスの胸に「よりかかったヨハネ」と言えば、最後の晩餐の席上でイエスのそばに座っていた愛弟子ということになる（ヨハネ一三・二三、一三・二五、二一・二〇）。そして、

「これらのことについて証しをし、これを書いたのは、この弟子である（二一・二四）」と述べられ、彼こそヨハネ福音書の記者とされる。

しかしながら、ヨハネ福音書二一・二四は加筆箇所でもあり、ヨハネ福音書の記述の中で、イエスの弟子ヨハネと記者との同一性を確認できる文言は存在しない。表題には、「ヨハネによる」と記されているが、これをイエスの弟子ヨハネと考える根拠にはできないだろう。

ヨハネ福音書の内容から考えるならば、それほどイエスに近い人物がこの福音書を記したとは考えにくい。他の福音書に比べると、神学的な整合性を強く意識している。たとえば、冒頭の「はじめに言葉があった」という書き出しにおいても、神とキリストとの関係を明確にする内容が示され、キリスト論が展開される。このようなことから、イエスの出来事の直接の目撃証言であるよりも、むしろヨハネ福音書は、イエス以後に形成された教団の教義を記すことに重点を置いていると言える。弟子ヨハネによる目撃証言が記されていると考えるには、あまりにも後代のキリスト教の教義を、本文中のイエスの言葉が語りすぎていると言わねばならない。

ヨハネ福音書には、「ユダヤ人」という言葉が極端に多い。マタイには五回、マルコ六回、ルカ六回と各数回しか使用されていないのに対し、ヨハネ福音書には「ユダヤ人」という言葉が使われる箇所は七〇回にものぼる。これらは、ヨハネ福音書の著者や読者がユダヤ人以外であることを暗示している。たとえば、ヨハネ六・四「ユダヤ人の祭りである過越祭」という表現は、明らかに過越祭についてのユダヤ人以外への説明的な書き方と言える。

内容的にも他の福音書とは大きく異なり、ヨハネ福音書独自の表現の中にギリシャ思想の影響が見られる。

【ヨハネ福音書の特徴】

①冒頭に序文が存在する。

「初めに言葉（ロゴス）があった」（ヨハネ一・一）は、創世記一・一「初めに神は天と地とを造られた」に対応するものとして記されている。

創世記では、天地が造られる時には、「光あれ」、「水の中に大空あれ」、「生き物が水の中に群がれ」等、神の言葉が一つ一つ投げかけられた。これらの言葉によって宇宙が創造されたとする世界観は、現代科学からすれば採るに足らない作り話だと思われるかも知れない。

しかし、これは物語であり、物語には必ず何を伝達しようとしているかという根幹の部分が存在する。事物の存在は偶然の積み重ねによって成り立っているのではなく、神と共にあった言葉（ロゴス）によって、理念と整合性が付与されているというのが、ヨハネ福音書の冒頭の主張である。そして、存在の根源には言葉（ロゴス）が遍在する。ここにギリシャ哲学の影響を読み取ることができる。「言葉」すなわちロゴスは、「天と地」という可視的な自然の事物に先立つのである。ロゴスは形而上的なものであって、形とはならない。同じく、神の存在もまた、形として、人間はとらえることができない。

ヨハネ福音書は、「神を見たものはまだ一人もいない（一・一八）」と断言する。神は人間からすれば形而上的な存在者なのだ。だが、そうだとすれば、われわれ人間は神をどうやって認識することが可能なのか。形而上的な存在者と人間との経路は切断されたままだと考えることもできるかも知れない。しかし、ここに人間と神との接合点が、人となった神、すなわちイエス・キリストによって生起するのである。神が人間となること、すなわち、受肉によって、神の言葉（ロゴス）が可視的な存在となった。ヨハネ福音書は一章の序文において、このようなことを主張する。ヨハネ福音書の序文は、神と人間との接点としての受肉のキリストを提示し、形而上的なものとわれわれの現実、あるいは可視的なものと不可視的なもの、理念性と日常の現実性との橋渡しとして、キリストが地上に来臨したと言うのである。受肉という考え方は、さらに言えば、ギリシャ的二元論を克服する思想と考えることもできる。

（＊そもそも形而上という言葉の由来はアリストテレスの著作『形而上学』に遡る。形而上学すなわち"Metaphysics"なる言葉の源は、彼の講義録の中の題名がついていなかった巻に由来する。それらの講義録は自然学関係の巻の後に配置され、『自然学の後にくる巻（タ・メタ・タ・フュジカ）』と呼ばれた。これがギリシャ語からラテン語に移される時に、音写されて、「メタフュジカ」となった。「メタ」とは、「後に」という意味である。

世界をつかさどっている何らかの理念は、不可視で眼に見えないものである。そのようなものは形而上のものと言えるだろう。これらを扱うのが形而上学であり、哲学の一つのあり方でもある。形而上学では、具体的事物の背後にあり、自然を超えた理念的なものを考察の対象とし、肉体とは区別された魂、世界の理念的法則、超越的にして絶対的な神の存在なども扱われたりする。）

②イエスこそ「神の小羊」とされる。

ヨハネ一・二九　その翌日、ヨハネは、自分の方へイエスが来られるのを見て言った。「見よ、世の罪を取り除く神の小羊だ。」

ヨハネ一・三六　そして、歩いておられるイエスを見つめて、「見よ、神の小羊だ」と言った。

右のような表現は他の福音書には存在しない独自なものである。小羊は、ユダヤ教の出エジプトの出来事を記念する過越の祭のさいに、儀式的な食事において食される不可欠なものである。傷のない一歳の雄の小羊が選ばれ、夕暮にほふられる（出一二・六、レビ二三・五）。小羊は贖いとして神に捧げられるものである。ヨハネ福音書において、イエスのことが「神の小羊」と呼ばれるのは、ユダヤ教において神に捧げられる小羊に代わるものとして、イエスが十字架についた（捧げられた）ということを指し示している。また、パウロが「キリストが、わたしたちの過越の小羊として屠られた」と語っているように（Iコリ五・七-八）、原始教団ではすでにイエスの十字架による贖いを、ユダヤ教の過越の小羊に代わるものとする考え方が定着していたようである。ヨハネ福音書もそれを反映していると言える。

③共観福音書とは異なる最後の晩餐の記事

ヨハネ福音書には最後の晩餐の記事がないとも言える。ヨハネの最後の晩餐の記事は一三・一－三〇であるが、共観福音書のように、イエスが「これは私のからだである」と言って弟子たちにパンを配り、また、「私の血である」と言いつつ、葡萄酒を与える場面は存在しない。（マタイ一六・一九、マルコ一四・一六、ルカ二二・七等参照）

ヨハネ福音書一三・一―三〇の最後の晩餐は、他の福音書のように過越の食事として記されてはいない。ヨハネ福音書のそれは「過越祭の前のこと」（ヨハネ一三・一）でしかない。ルカ二二・七では、「過越の小羊を屠るべき除酵祭の日が来た」と記され、最後の晩餐が過越の食事の日であったとされているが、ヨハネ福音書における過越祭の日には、すでにイエスは捕らえられていた。ヨハネ一八・二八を見ると「人々は、イエスをカイアファのところから総督官邸に連れて行った。明け方であった。しかし、彼らは自分では官邸に入らなかった。汚れないで過越の食事をするためである。」と記されている。ユダヤ人らはイエスをローマの官憲に引き渡したが、そこへ足を踏み入れようとはしなかったのである。それは異邦人の館であったからだ。

「過越祭の準備の日の、正午ごろ」（ヨハネ一九・一四）にイエスの裁判が開始された。そして、イエスが刑場まで十字架を自ら運び、やがて十字架上で息を引き取る頃には、おそらく夕方になっていただろう。それはちょうど過越の小羊が屠られる頃である。出エジプト一二・六によれば、「夕暮れにそれを屠り」と記されているように、ユダヤの過越の食事のための小羊は夕暮れに屠られるのである。イエスの裁判の開始が正午であり、やがて、小羊が神への犠牲として捧げられる夕刻に達した頃、イエスもまた息を引き取ったというのがヨハネ福音書が描くイエスの最後である。

ヨハネ福音書は、イエスを「神の小羊」と呼んでいるが、この言葉は念入りに、イエスの死の時と関連させられているのである。そして、イエスこそ「世の罪を取り除く神の小羊」（ヨハネ一・二九）なのである。

④カナの婚礼（ヨハネ二・一―一一）。

ガリラヤのカナでの婚礼にイエスの母が出席していたが、宴のためのぶどう酒が足りなくなった。そこで、同席していたイエスに「ぶどう酒がなくなりました」と母は言う。イエスは「婦人よ、わたしとどんなかかわりがあるのです。わたしの時はまだ来ていません。」という唐突な返事をする。「わたしの時」というのは、イエスが十字架に付くときを指している。③で述べた過越の食事には、小羊のほかに、種なしパンとぶどう酒も用意されるのである。よって、「わたしの時がまだ来ていません」というのは、ぶどう酒を飲む過越の食事の時、すなわち、イエスが世の罪を取り除くために犠牲に捧げられる時がまだ来ていないという意味である。この言葉によって、イエスに備えられている使命が技巧的に暗示されている。ここでは、イエスは水を葡萄酒に変えるという奇跡を起こしたとされるが、イエスこそ「世の罪を取り除く小羊」であるというヨハネ福音書の主張の一部が関連しているのである。

⑤「私はある」

「私はある」、ギリシャ語でエゴー　エイミ（ἐγώ εἰμι）と表記される言葉が、ヨハネ福音書の次の箇所に存在する。

八・二四　だから、あなたたちは自分の罪のうちに死ぬことになると、わたしは言ったのである。『わたしはある』ということを信じないならば、あなたたちは自分の罪のうちに死ぬことになる。

八・二八　そこで、イエスは言われた。「あなたたちは、人の子を上げたときに初めて、『わたしはある』ということ、また、わたしが、自分勝手には何もせず、ただ、父に教えられたとおりに話していることが分かるだろう。」

八・五八　イエスは言われた。「はっきり言っておく。アブラハムが生まれる前から、『わたしはある。』」

一三・一九　事の起こる前に、今、言っておく。事が起こったとき、『わたしはある』ということを、あなたがたが信じるようになるためである。

これらの表現は、共観福音書にはまったく存在しないものである。これは出エジプト記において、モーセがはじめて神の名を知らされた時の言葉と合致している。

出エジプト三・一四　神はモーセに、「わたしはある。わたしはあるという者だ」と言われ、また、「イスラエルの人々にこう言うがよい。『わたしはある』という方がわたしをあなたたちに遣わされたのだと。」

旧約聖書の神はヤハウエであるが、その名を呼ぶことによって神を冒涜することを恐れ、主（アドナイ）と呼んだ。エホバという読み方はYHWHの綴りにアドナイの母音をつけて読んだものである。そして、YHWHは「ヤハウエ」と読むのが正しいと現代では考えられている。モーセが神からその名をYHWHと告げられ、その名の意味は「わたしはある」と聞いた。ヨハネ福音書八・五六で、「アブラハムが生まれる前から、『わたしはある。』」と記されているが、これはモーセが告げられた神の名（出エジプト記三・一四）の意味と同一であり、旧約聖書の神ヤハウエこそイエス・キリストであるというのである。

また、ヨハネ福音書には「私は……である」という定型句が頻出する。

わたしが命のパンである（六・三五）
わたしは天から降って来たパンである（六・四一）
わたしは世の光である（八・一二）
わたしは、世にいる間、世の光である。九・五

わたしは羊の門である。一〇・七
わたしは良い羊飼いである（一〇・一一）
わたしは復活であり、命である。一〇・二五
わたしは道であり、真理であり、命である（一四・六）
わたしはまことのぶどうの木（一五・一）

イエスは、命のパン、世の光、羊飼い、ぶどうの木などにたとえられる。このような表現は他の福音書では見られないものである。

⑥聖霊は「弁護者（パラクレートス）」である。
ヨハネ福音書独自のものとして、聖霊はイエス以後に与えられる弁護者であるという考え方がある。それらはヨハネ福音書の次の四カ所に記されている。

一四・一六　わたしは父にお願いしよう。父は別の弁護者を遣わして、永遠にあなたがたと一緒にいるようにしてくださる。

一四・二六　しかし、弁護者、すなわち、父がわたしの名によってお遣わしになる聖霊が、あなたがたにすべてのことを教え、わたしが話したことをことごとく思い起こさせてくださる。

一五・二六　わたしが父のもとからあなたがたに遣わそうとしている弁護者、すなわち、父のもとから出る真理の霊が来るとき、その方がわたしについて証しをなさるはずである。

一六・七　しかし、実を言うと、わたしが去って行くのは、あなたがたのためになる。わたしが去って行かなければ、弁護者はあなたがたのところに来ないからである。わたしが行けば、弁護者をあなたがたのところに送る。

弁護者＝パラクレートスとは、イエスの昇天以後、「父の名によって」遣わされる「聖霊」であり、イエスに代わって助け手となるという。

聖霊がイエスに代わる助け主であるという考え方が、ヨハネ福音書を生み出した教会には定着していたと思われる。聖霊については共観福音書にも記されているが、それがイエスに代わる弁護者であるとは記されていない。たとえば、マルコ三・二九「しかし、聖霊を冒涜する者は永遠に赦されず、永遠に罪の責めを負う」。ここでは、聖霊への尊厳が語られているだけである。

キリスト教の教義として、父、子、聖霊の三位一体という考え方が、当然のこととして現代では受け入れられているが、これはイエス以後に形成された教義である。ヨハネ福音書では、父、子、聖霊の三位一体論における聖霊についての定義がなされていると言えよう。

⑦イエスの十字架上での最後の言葉は、他の福音書とは異なっている。イエスは「すべてが終わった」（一九・三〇）という言葉を残して息を引き取る。マタイ二七・四六、マルコ一五・三四のように、「我が神、我が神、どうして私をお見捨てになったのですか」という嘆きの叫びはヨハネにはない。むしろ、ルカ（二三・四六）の「父よ、わたしの霊を御手にゆだねます」という言葉に、ヨハネ福音書は近いと言える。そして、ヨハネでは、十字架の死が予定されていたもののごとく、「すべてが終わった」という言葉で締めくくられる。イエスの死は予定された出来事であり、イエスはそれを果たしたのだとヨハネ福音書は主張するのである。

⑧二一章以下は編集者による加筆と考えられる。

二〇章三〇―三一では、あたかもヨハネ福音書がここで終わるかのような記述が存在する。

30 このほかにも、イエスは弟子たちの前で、多くのしるしをなさったが、それはこの書物に書かれていない。

31 これらのことが書かれたのは、あなたがたが、イエスは神の子メシアであると信じるためであり、また、信じてイエスの名により命を受けるためである。

二一章の内容は、特に弟子ペテロについて記したものであるが、通読すれば、二一章は全体の流れからも、不自然な印象を免れない。二一章は加筆されたと考えられるが、これが本来のヨハネ福音書の著者と同一人物による加筆であるならば、ヨハネ福音書全体の構成を修正する編集がなされて改訂されたはずである。編集作業を施さないままに追記されていることから、本来の著者以外の者が、特にペテロについて言及する意図で加筆したと思われる。

⑨共観福音書に存在するイエスによる悪霊追放の記事はまったく存在しない。

ヨハネ福音書で悪霊という言葉が使われるところでは、ユダヤ人らがきまってイエスのことを悪霊にとりつかれた者だと言っている。ヨハネ福音書では、悪魔払いによってイエスが神の子であるということが示されるのではなく、十字架の死と復活によってこそ、イエスがキリストであることが示されるのである。

第三章　今日の視点から読む聖書

一　マルコ福音書を読む

マルコ一章一六－二〇節　キリストに従う

「出世」という言葉がある。もともと、これは仏教の用語である。本来の意味は、仏が衆生（一般の人間）を救うため、わざわざ人間の世界に来られることを意味するものだった。この言葉は、やがては、お坊さんが修行を終えてから寺を持つようになることを意味するようにもなっていった。そして、現代の意味に変わっていった。

大乗仏教には、慈悲の観点から、自分が救われるためには他者を救わねばならない、助けねばならないという教えがある。他者を救うために世に出ていく、それが出世という言葉の本来の意味でもあった。しかし、現代では、人に仕えるとか、人を助けるというような意味はこの言葉から失われてしまっていて、いわば、人を蹴落としてでも出世をするというような、そういうニュアンスも加わって、出世という言葉の意味は、まったく違う感じのものになってしまっている。

*

マルコ一章一六-二〇では、イエスの弟子たちはもともとは漁師であったことが記されている。イエスと出会って、「私について来なさい」と声をかけられる。彼らは、「人間をとる漁師にしよう」とイエスから言われた。いわば、これこそ出家であった。一八節では、「二人はすぐに網を捨てて従った」とある。漁師として一番大切な、命のようなものである網を捨ててしまったというのだ。彼らは、自分たちの生きてきたそれまでの生活手段を、イエスと出会ったことによって、捨て去ってしまった。

一九節、二〇節では、「また、少し進んで、ゼベダイの子ヤコブとその兄弟ヨハネが、舟の中で網の手入れをしているのを御覧になると、すぐに彼らをお呼びになった。この二人も父ゼベダイを雇人たちと一緒に舟に残して、イエスの後について行った」とある。イエスに声をかけられて、自分の父親を置きざりにして従ったという。これまで生きてきた、漁師としての生活を捨ててしまって、人間をとる漁師、すなわち、イエスの弟子となっていったということが記されている。

考えてみると、この弟子たちは現代で言う出世という言葉の逆の意味、要するに、本来の意味の出世の方を選び取って歩んで行こうとしたのである。「人間をとる漁師にしてあげよう」というのは、「伝道者としてあげよう」、「神のことを宣教していく、そういう生き方をあなたたちにさせてやろう」ということだ。

聖書では、ここは非常に簡略に記されているから、まるで彼らが、即座に立ち上がって従って行ったというように思われるけれども、それは書かれているように簡単な話だったのかどうかは分からない。ひょっとすれば、いろいろ悩んだ末に従ったのかも知れない。あるいは、イエスと出会ったのがこの一回きりではなく、これ以前にもイエスに出会っていて、イエスの弟子となることについて迷っていたかも知れない。最も象徴的で劇的な部分を聖書はクローズアップして、彼らが、イエスについて行こうという決断をした場面だけが浮き彫りにされているのかも知れない。だが、いずれにせよ、自分たちがそれまで生きてきた人生の在り方を、彼らは捨ててしまった。そして、違う方向へ歩んで行こうと決意したのであり、彼らの生き方の大転換が語られている。

ところで、「一切を捨ててキリストに従う」という言い方がある。そしてまた、あたかも、弟子たちがすべてを捨ててイエスについて行ったではないか、だから、私たちもそのように歩もうということになる。しかし、考えてみると、では、キリスト者となるということは、一体、何をすることなのだろうか。このことを考えていくと非常に難しい。頭を抱えてしまう。何をどうすることなのかと考え込んでしまうことがしばしばある。

洗礼を受けてキリスト者となる。しかし、洗礼を受けるというのはともかくとして、そこで、何をしろと言うのだろう。教会では、日曜日には礼拝がある。週日には祈祷会もある。とりあえず、それらに出かけて行くとして、さて、それで何をしろというのだろう。キリスト者となるというのは、何をすることなのだろう。現代において、人が何をどうするということであるのか。聖書には、こう書いてある、ああ書いてある、と聖書についてすらすらと語ることができるとか、あるいは、キリスト者になるというのは、ただ儀式としての洗礼を受けるということのみを意味するとも思えない。

ところで、イエスが宣教を開始する前に、バプテスマのヨハネから洗礼を受けたことがマルコ福音書の冒頭に記されている。イエス自身も、もともとはバプテスマのヨハネの弟子であったのだ。しかし、バプテスマのヨハネは、山にこもり、いなごや野蜜を食べながら、腰には皮の帯を巻いているというような禁欲的なスタイルの生活をしていた。都会へ出て行くというような宣教のあり方を選んではいなかった。一方、イエスの方はどんどん町に出て行き宣教した。バプテスマのヨハネの方は、閉じ込もった場所で、自分たちの心の平安を維持していく、そういう宗教観を持っていたのだと思われる。だが、イエスの方はそれとは異なっていた。このことから、イエスはやがてヨハネの教団を離れ、いわゆる、イエスの独自な宣教を行ったのだと思われる。宗教的な求め方の違いというのが、そこには存在したと思われる。

こう考えていくと、イエスに追従するという場合には、社会の中で自分たちのいる場所における現実を否定するところに立って、信仰を組み立てるのではなく、自分たちが置かれているこの社会の中で生きながら、キリストに従っていく。こういうことが問われると思う。

＊

たとえば、カルト宗教と呼ばれるものがある。それは特にオウム事件以後、誰でも知る言葉となったが、では、カルト宗教として警戒されるべき基準というのは、いったい何であるのか、それは普通の宗教と呼ばれるものとどう違うのか。そのあたりを明確にするとなると難しいのだが、一番大きなポイントになる点は、その宗教集団の内と外を非常にはっきりと区別して、たとえば、教会の中は聖なる場所である。しかし、そこから一歩出たところはサタンの巣である。そのサタンの巣に対しては、何を仕掛けようが、何をしようとこちら側は許されるというような考え方をするという点にあるだろう。

オウム真理教はその典型だったと思われるが、そのように、私たちの通常の社会を否定したところに、真の信仰の共同体が成立するという考え方をするのがカルトの一つの特徴だと思われる。このようなものは当然、警戒されねばならないが、キリスト教に於いても、一つの生き方をすることに熱心なあまり、社会から離れた場所に教会が存在するかのような考え方に偏らないように意識することが必要であると思う。また、バプテスマのヨハネにしても、イエスとは違って、山にこもりはしたが、彼は時の政権批判と宗教改革を唱えることによって、命を奪われたのである。いずれにせよ、イエスもヨハネも、共に社会のあり方を全否定して拒絶するのではなく、社会に生きる責任を正面から担おうとしたのである。

冒頭で、出世という言葉の本来の意味を述べたが、それは仏となった者が衆生を救うためにわざわざ人間界に来て人間に仕えることを意味したことを考えると、キリスト者となるというのは、自分たちだけが閉じ込もったところにいて、救われていると考えるだけでは済まされないと思う。そういう世界に閉じこもってしまうのではなく、そこから出て行くということ、すなわち、「人間をとる漁師となる」。外へ向かっていく。その使命を、実は同時に負わされていると思われる。

マルコ二章一―一二節　床から立ち上がる――臓器移植法とキリスト教倫理――

（本章のマタイ九・一八－二六の項でも、臓器移植に関する問題を取り扱っている。）

厚生省は臓器移植法にもとづく「ガイドライン」を出しているが、そこでは、脳死と判定するために脳死判定テストを行うことになっている。これを行うには、人工呼吸器を一〇分間ほど止めることになる。酸素を人体に送る装置を一〇分間止め、その間に自発的に呼吸が続いていけば、呼吸をコントロールする脳幹がまだ反応しているということであり、その人はまだ生きている、脳死ではないというわけだ。

ところが、一〇分間も、酸素を送ることができないということになると、窒息死することも考えられる。呼吸ができるか、できないかのちょうどぎりぎりのところにあるような人の場合には、そのまま死んでしまうことにもなりかねない危険なテストと言わねばならない。結果的に死に至らしめる可能性すらある。だから、一〇分間も無呼吸テストをさせるということには無理がある、せめて五分程度にすべきであるという医師の意見も一方にはある。人間は呼吸を停止させられると、だいたい五～六分が限度と考えられているからだ。

人の死については、医師は、通常は心臓が停止し、瞳孔が開いていて、呼吸がない等、これらをチェックして、「亡くなった」と宣告する。それが通常の死亡確認の方法である。これがなされた時、人は死んだということになる。では、脳死判定の場合には、その人がいつ死んだことになるのか。脳死の状態では心臓はまだ動いている。呼吸もしている。あたかも眠っているかのような状態であるわけだ。その場合に、人が「亡くなった」と言うのを、一体、いつの時点で言えるのか。

厚生省のガイドラインでは、医師が既定の脳死判定をした時点で、脳死の場合の死亡が確認されるという。しかし、それには条件があって、脳死の人自身が自分の臓器を他人に提供していいという意思表示をしている場合に限って、「亡くなった」ということになる。

すると、臓器提供意思を表明していない場合にはどうなるかと言えば、亡くなった小渕首相の場合がいい例である。脳死であったと新聞などでは報道されていた。しかし、小渕さんが亡くなったとは誰も言わなかった。要するに、脳死の状態ではあったけれども、小渕さん自身が臓器提供意思がなかったから、死亡したことにはならなかったわけだ。それで、脳死以後、時間が経過し、心臓停止時点で小渕さんは亡くなったと初めて宣告されたのである。こう考えると、随分、曖昧といえば曖昧な死亡時刻でもあるわけだ。臓器を提供しようという意思のある人の場合には、心臓は動いていても脳が死んだとされる時点が死亡時刻とされる。しかし、臓器提供意思がなければ、心臓停止までその人は死んだことにならないのである。

＊

ところで、ユダヤの祭司たちは、当時、医者のような権限を持っていた。たとえば、レビ記の中に「祭司はその人の皮膚の患部を調べる。患部の毛が白くなっており、症状が皮下組織に深く及んでいるならば、それは重い皮膚病である。祭司は、調べた後その人に『あなたは汚れている』と言い渡す。」（レビ記一三・三）とされていて、これは現代の医者が行う診断行為のようなものである。

レビ記一三・六では、「七日目に再び調べ、症状が治まっていて、広がっていなければ、祭司はその人に『あなたは清い』と言い渡す。それは発疹にすぎない。その人は衣服を水洗いし、清くなる」とある。「あなたは清い」という言葉を祭司からもらわない限り、その人は汚れているということで、誰もそばに近寄れない。現代でも、医師がどう判断するか、診断書の内容は非常に重要である。それと全く同じような権限を、かつてのユダヤ社会では、祭司が持っていたのである。

次に、レビ記一四・二～四では、「以下は重い皮膚病を患った人が清めを受けるときの指示である。彼が祭司のもとに連れて来られると、祭司は宿営の外に出て来て、調べる。患者の重い皮膚病が治っているならば、祭司は清めの儀式をするため、その人に命じて、生きている清い鳥二羽と、杉の枝、緋糸、ヒソプの枝を用意させる。」とある。「治っているならば」と書かれているが、治っているならもういいではないかということなのだが、「清めの儀式」を行わなければ、肉体的には治っていることが確認されたとしても、まだ清いことにはならないのだ。さらに、一四章二〇節を見ると、「……彼のために贖いの儀式を行うと、彼は清くなる」とある。儀式をすることによって、清くなるのだ。

＊

現代人は、旧約聖書のこのような箇所を読んだときに、やはり昔の話だなあと、馬鹿げた話だと思うかもしれない。しかしながら、現代の脳死判定というのは、全く、これに似た部分があると思う。脳死は、人の死であるのか、ないのか。それは臓器移植法が成立するときにかなり議論がなされた。政府機関でも、専門家が集まって色々なことを論じあった。そして、取り敢えず臓器を提供する意思のある人の場合には、脳死をもって人の死とするということになった。医師が判定を行い、脳死であると言った時点で死亡となるのである。すると、医師がそこで、死んでいると言わなければ、死んだことにはならないとも言える。また、臓器を提供する意思が無い人の場合には、その人が死んだとは、医師はけっして言えないのである。

＊

マルコ二・一―一二を読んでみたい。「数日後、イエスが再びカファルナウムに来られると、家におられることが知れ渡り」とある。イエスがご自分の家におられたのである。その家はカファルナウムにあったのではないかと考えられたりもする。すると、「四人の男が中風の人を運んで来た。しかし、群衆に阻まれて、イエスのもとに連れて行くことができなかったので、イエスがおられる辺りの屋根をはがして穴をあけ、病人の寝ている床をつり降ろした。」（三〜四節）。この人を癒していただきたいと、必死になってイエスの前に連れていこうとする。そして、屋根をはがして、イエスの前に上からつり降ろしたのである。そうまでして、イエスに治してもらいたいのである。

「イエスはその人たちの信仰を見て、中風の人に、『子よ、あなたの罪は赦される』と言われた」（五節）。イエスが病人を見て言われたことは、「あなたは治る」ということではなくて、「あなたの罪は赦される」という一言であった。「ところが、そこに律法学者が数人座っていて、心の中であれこれと考えた。『この人は、なぜこういうことを口にするのか。神を冒瀆している。神おひとりのほかに、いったいだれが、罪を赦すことができるだろうか』」。

レビ記では、「あなたは清い」という宣言を祭司が行うことが記されているが、「罪は赦された」という宣告をするとは書かれていない。罪を赦されるのは神のみであるという律法学者の批判はもっともなことでもあった。

九節で、「中風の人に『あなたの罪は赦される』と言うのと、『起きて、床を担いで歩け』と言うのと、どちらが易しいか」と、イエスの方から、「罪を赦す」ということと「床を担いで歩け」ということの二つを並置して、問いかけている。本来、律法学者や祭司にできることは、「清い」という宣言のみである。罪が赦されるとも、床を担いで歩けとも言うことはできなかった。それゆえ、イエスはあえて、祭司が行い得る「清い」という宣言ではなく、「罪が赦される」と宣言した。そして、「床を担いで歩け」と言った。仮に、祭司が「清い」と言えば、「清い」結果として、床を担いで歩いて行くということになるわけだから、「床を担いで歩け」という言い方は、「清い」という宣言をも超えてしまった言い方なのである。「床を担いで歩く」、それは治療であり、奇跡でもある。そんなことができるわけがないと周囲は思ったし、「罪が赦される」、それは人間が言ってはならないことでもあった。しかし、イエスはあえて、律法学者たちが激怒するようなことを言ったのである。

祭司が「清い」と宣言することは、清いという医学的な確認以上の意味も持つ。それは清くなった人に社会復帰をもたらすことにもなる。感染するから近づいてはならない、汚れているから触るなというのは、ある程度、理にかなっていたかも知れない。触れると感染するという病も確かにある。あるいは、感染することもないのに、汚れると、必要以上に言われ、そして、汚れているとされた人たちは、汚れているからという理由で社会の中の一員として生きることが赦されなかった。

＊

たとえばインドのヒンズー教の祭司の場合もこれに似ている。ヒンズーの神々の礼拝は僧侶が執り行う。僧侶がいなければ礼拝は行えない。僧侶は神を呼び出す力を持っていると考えられている。そして、神を呼び出す力があるということから、僧侶は神と同等あるいはそれ以上の権限を持つ存在なのだということになっていった。ヒンズーの僧侶階級はバラモンと言う。それはヒンズーの神々の中の天地創造の神の名前ブラフマーから派生した名である。そして、僧侶はインド社会の階級制であるカースト制の最高位にある。そして、アウトカーストを差別するのである。そして、

*

では、仮にユダヤにおいて、僧侶が意図的に「清い」と宣言しなかったらどうなるだろうか。治っているのがわかっていても、僧侶が清いと言わなければ、その人は社会的に清くないのであるから、社会の中で受け容れられない。それどころか差別すら被るであろう。僧侶の特権とはそういうものであった。祭司が、「清い」、「汚れている」という二つの言葉のどちらを選ぶかということ、これは権力の公使でもあった。その権力の構造をイエスは見抜いていたと思われる。

だから、二章九節で、中風の人にイエスは「『あなたの罪は赦される』と言うのと、『起きて、床を担いで歩け』と言うのと、どちらが易しいか」と言った。「罪は赦される」ということは、律法学者たちからみたならば、これは神のみができることである。祭司らは「あなたは清い」という言葉を言う権限を持っていたが、罪を赦す力は持っていなかった。

二章一〇節で、イエスは、「人の子が地上で罪を赦す権威を持っていることを知らせよう」と言う。「あなたは清い」と、ただ宣言をするだけの権能ではなく、イエスは、罪を赦す力を本当の意味で持っていることを目に見える形で示そうとした。そして、二章一一節で、「『わたしはあなたに言う。起き上がり、床を担いで家に帰りなさい。』その人は起き上がり、すぐに床を担いで、皆の見ている前を出て行った。人々は皆驚き、『このようなことは、今まで見たことがない』と言って、神を賛美した」。すなわち、罪の赦しというのは、これは、同時に病が治るということである。本来なら、祭司

たちが「清い」と言わない限り、清いということにはならない、そのような中で、イエスは「清い」という言葉以上のものを実現した。

当時、ユダヤの議会サンヘドリンは祭司、長老と律法学者によって構成され、彼らが政治を行っていた。こうして、社会の中で祭司たちは非常に大きな権力を持っていた。だから、「あなたの罪は赦される」とイエスが言ったことは、ユダヤ教の権力への批判でもある。

そのような状況の中で、イエスが「罪は赦された」と言うためには、同時に、人を癒す力、解放する力がそこになければならなかった。イエスはそれを見せたのだ。目の前でその人を立たせるという奇跡を行った。この物語は、マルコ福音書の中では比較的前部の二章に記されている。イエスが、何者であるかということをマルコは冒頭で示している。それは、ユダヤ教の祭司の権限以上のものをイエスが持ち、人間の解放を実現する者であることを示そうとしている。

もう一つ、見過ごしてならないことがある。人々が中風の人を連れてきたときに、屋根をはがしてイエスの前に病人をつり降ろした。そのことをイエスは、その人達の信仰というふうに言った。考えてみると、床に寝ている人は一言もしゃべっていない。自分で来たわけでもない。むしろ、周りの人が一生懸命運んできた。その人たちの信仰を見て、イエスは癒しを行った。自分が救われるために祈るといったことは、人間には当然ありがちなことである。しかし、祈りが他者のために起こるとき、その他者を癒すことができるとこの物語は語っている。

イエスは、「あなたの罪は赦された」と言う。罪が赦されたということは、罪なき者に変わったということである。罪人から罪なき者に変わるという、全く、本質的な転換。その本質的な転換の後には、病が治されて生きるということが始まる。それは人間の解放であり、社会における解放でもあった。

マルコ一〇章四六-五二節　この道の方へ

エリコという町の名が聖書に出てくる。これは今日のパレスチナ問題のニュースなどでもよく出てくる地名である。エリコはエルサレムから五〇キロくらいの所にある町である。マルコ一〇・四六-五二の話は、エリコの町からエルサレムへと続く街道で起きた出来事である。「一行はエリコの町に着いた。イエスが弟子たちや大勢の群衆と一緒に、エリコを出て行こうとされたとき、ティマイの子で、バルティマイという盲人の物乞いが道端に座っていた（四六）」。「バルティマイ」という、この名前は、「バル」は「息子」という言葉で、「ティマイの息子」という意味である。この人が、「ナザレのイエスだと聞くと、叫んで、『ダビデの子イエスよ、わたしを憐れんでください』と言い始めた（四七）」。

ダビデは、旧約聖書に登場するユダヤの王、イスラエルを国家として統一していった有名なダビデ王である。紀元前一〇〇〇年から九六一年まで在位した。ユダヤ人は、このダビデを王としたことを誇りとしていた。ローマ帝国によって支配されていたイエスの時代でも、このダビデの子孫からキリストが出ると信じられていた。

マルコ福音書には、マタイやルカのようにイエスの系図というものが記されていない。しかし、キリストは「ダビデの子」である、ダビデの子孫としてやってくるという、そのことをここに記している。マルコ福音書の中で「ダビデの子イエス」という表現は、ここ一カ所のみである。マルコ福音書はイエスの出生について無頓着であるが、しかし、イスラエルを統治したダビデ王の子孫からキリストが出るのだという信仰には、ここで触れているのである。

四八節、「多くの人々が叱りつけて黙らせようとしたが、彼はますます、『ダビデの子よ、わたしを憐れんでください』と叫び続けた。」とある。まわりの人たちからすれば、イエスはダビデ王朝の子孫であって、そのような道端に座って物乞いをしているような人にかまっている暇はないとでも思ったのかも知れない。

しかし、一生懸命、彼は叫び続けた。そして、とうとう、叫びが届いた。四九節では「イエスは立ち止まって、『あの男を呼んで来なさい』と言われた。人々は盲人を呼んで言った。『安心しなさい。立ちなさい。お呼びだ。』」すると、「盲人は上着を脱ぎ捨て、躍り上がってイエスのところに来た。イエスは、『何をしてほしいのか』と言われた。」すると、「盲人は、『先生、目が見えるようになりたいのです』と言った」。このように記されている。おそらく、盲人は「見えるようになりたい」、ただ、そのことだけを求めてイエスの所へ来たのだろう。

五二節、「イエスは言われた。『行きなさい。あなたの信仰があなたを救った。』盲人は、すぐ見えるようになり、なお道を進まれるイエスに従った」。「見えるようになりたいのです」。こう言っているわけだから、「じぁ、見えるようになりなさい」と、そういうふうにイエスは応えたのかと言えば、そうではない。

ルカ福音書一八章三五節から四三節の並行箇所では、「主よ、見えるようになりたいのです」と記されている。その願いに対して、「見えるようになれ。あなたの信仰があなたを救った」とイエスは答えている。だが、マルコでは、「見えるようになりたい」という求めに対して、『見えるようになれ』という言葉は、特に語られてはいない。「行け。あなたの信仰があなたを救った」とイエスが応えると、彼はたちまち見えるようになったというのである。

ところで、マルコ福音書を口語訳聖書で読むと、「そこでイエスは言われた、『行け、あなたの信仰があなたを救った』。すると彼はたちまち見えるようになり、イエスに従って行った」と訳されている。だが、新共同訳聖書では、「『行きなさい。あなたの信仰があなたを救った。』盲人は、すぐ見えるようになり、なお道を進まれるイエスに従った。」となっている。新共同訳では「道を進まれる（ἐν τῇ ὁδῷ.）」という言葉が入っている。この句はギリシャ語原典に存在するものであり、口語訳がこれを省略している箇所である。「その道の方へ」というような訳も可能と思われる。

では、「道」というのがどこの道なのかを考えてみると興味深い。それはイエスと出会った道であるが、地理的にはエルサレムとエリコを結ぶ街道を指し示している。それは、これからイエスがエルサレムへと向かっていく道でもあった。この物語の次は一一章となり、受難物語へと話が展開して行く。よって、盲人はイエスによって目が見えるようにされ、イエスに従って行ったのだが、それは、イエスがこれからエルサレムへと向かい、そして、エルサレムの神殿に入場し、神の子として多くの群衆に迎え入れられ、そこから始まる受難の「道」の方へと従ったとも理解できる。

エリコからエルサレムまで、距離にして五十キロほどである。その道程はこれから受難に向かい、そして、十字架に架けられる、そのようなイエスの戦いへの道程でもあった。

するると、口語訳聖書で「道を進まれる」という言葉が挿入されていなかったのは、少し手薄なことであったと言わねばならない。新共同訳においては、「道を進まれる」という表現で翻訳されているが、一一章からの受難物語へ入るための締めくくりとして、「道」という言葉が大きな意味を持っていることは見落とせない。見えることを求めたバルティマイにとっては、視覚的に見えるということを求めたというだけのことであったかも知れない。しかし、彼はその道の方へイエスの後を従って行ったのである。バルティマイは見えるようになった。何をか、それはイエスが歩んでいく受難の道が見えたのであり、イエスの生き方が分かったということを意味している。

見えるようになるということは、歩むということであり、キリストの受難の生き方を見るということである。「行きなさい。あなたの信仰があなたを救った」。イエスはこのように語った。本当に見えるということは、どういうことなのか。それは見えなかったものが見え、そして、生き方を変えるということである。バルティマイにとっては、道端に座り続けることをやめることであり、彼を取り囲んでいる状況と現実を克服するということであり、今まで見ようとして来なかったものを見ることであった。勇気のいることでもあっただろう。マルコでは、見えるようになることを求めたバルティマイに返されたイエスの言葉は、「あなたは見えるようになりなさい」ではなかった。イエスは「行きなさい。あなたの信仰があなたを救った」と言った。なぜなら、見ることは同時に歩むことであるからだ。

マルコ一一章一五―一九節　イエスと神殿

イエスはどうして十字架にかけられたのか。なぜ、殺されたのか。そのことについては、聖書を細かく見ても、実は、謎めいたことがらでもある。いったいイエスは何をしたというのか。イエスは神殿において、「宮清め」と言われる行動に出た。それがユダヤ議会の反感をかうことになったようだが、どこまでそれが十字架につけられた決定的な理由だったのかは明確ではない。

マルコ福音書一一章一五節で、「それから、一行はエルサレムに来た。イエスは神殿の境内に入り、そこで売り買いしていた人々を追い出し始め、両替人の台や鳩を売る者の腰掛りをひっくり返された」とある。

エルサレム神殿は大きな神殿であり、そこには一つの町としての機能が備えられていたという。イエスは両替人の台をひっくり返したとある。これは色々な地域に離散したユダヤ人が巡礼に、神殿へやって来た時に、外国のお金を両替するためのものであった。また、「鳩を売る者」とあるが、鳩は神殿で捧げられるものであった。そういったものを売っている商人の台も、イエスはひっくり返したのである。

一六節、「また、境内を通って物を運ぶこともお許しにならなかった」。境内の中を行き来することすらも禁じる。そういうことをイエスは行ったのである。そして、人々に教えて言われた。「こう書いてあるではないか。『わたしの家は、すべての国の人の祈りの家と呼ばれるべきである。』ところが、あなたたちはそれを強盗の巣にしてしまった」。

神殿の中での行商を妨害し、イエスはそこにいた人たちを非難した。一八節、「祭司長たちや律法学者たちはこれを聞いて、イエスをどのようにして殺そうかと謀った。群衆が皆その教えに打たれていたので、彼らはイエスを恐れたからである」。

イエスの命をねらおうと考えたのは、まず、ユダヤ教の祭司長であった。それから律法学者たちである。しかし、いわゆる、一般の「群衆」は「皆その教えに打たれていた」と書いてある。そうだとすれば、イエスを十字架にかけたのはいったい誰なのか。それはユダヤ人だと言われてはいるが、聖書を詳細に見て行くと、イエスの命をねらったのは祭司長であったり、イエスの裁判に集った者たちがイエスの命をねらったのであって、いわゆる、一般のユダヤ人ではない。彼らはイエスを殺そうとは考えなかったのではないか。そうも考えられる。

ところで、イエスが神殿の「境内を通って物を運ぶこともお許しにならなかった」というのも不可解である。イエス時代の神殿の規模は、横幅四二二メートル、奥行き一八三メートルもあった。これはとてつもない大きさである。このような巨大な建物の中を人が行き来することを禁じるには相当な人数を要したはずだ。また、神殿は支配国であるローマ軍の監視下で、常に警備されていた。イエスの神殿での行動が本当ならば、それは大変な騒ぎを彼は巻き起こしたと想像しなくてはならなくなる。巨大な神殿の人の出入りを規制するほどのことを、イエスの一行が引き起こしたということになる。もし、このようなことを本当にイエスがやったのだとすれば、これがイエスの処刑の理由に直接結びついたと考えることもできる。それは以後、命をねらわれるほどの規模のことだったのかも知れない。

神殿の中には、行政府の建物や職員の家、厩《うまや》、事務所、また、公設市場もあったということである。公設市場でイエスは行商人の台などをひっくり返したのである。ローマ統治は紀元前六三年に始まったが、ローマ帝国はユダヤを占領下において後も、神殿がユダヤ人の砦となる可能性があったため、軍隊を常に駐留させていたという。

ユダヤの三大祭の一つである過越の祭りになると、色々な国に離散していたユダヤ人たちがエルサレム神殿へ巡礼に訪れた。そこで、ローマ軍はユダヤ人が反乱を起こさないように警備していたのである。ユダヤ人にしてみれば、外国の軍隊に自分たちの神殿が占領されている状態であった。だから、ユダヤ人が信仰のシンボルである神殿を取り戻すために蜂起する可能性は常にあったのである。

実際、歴史上、たびたびローマ兵とユダヤ人との争いが神殿の中で起こったようである。そうだとすれば、イエスがここでやったこともその一つであったのかも知れない。だが、イエスは本当にこのような巨大な神殿で、人々の往来を規制しえたのであろうか。聖書の記述をひとまず信頼するならば、相当規模の反乱をイエスは指揮したと考えねばならないだろう。

ルカ福音書二二章三五節から三八節では、イエスがいよいよ捕らえられる直前のことが記されている。「それから、イエスは使徒たちに言われた。『財布も袋も履物も持たせずにあなたがたを遣わしたとき、何か不足したものがあったか。』彼らが、『いいえ、何もありませんでした』と言うと、イエスは言われた。『しかし今は、財布のある者は、それを持って行きなさい。袋も同じようにしなさい。剣のない者は、服を売ってそれを買いなさい。』言っておくが、『その人は犯罪人の一人に数えられた』と書かれていることは、わたしの身に必ず実現する。わたしにかかわることは実現するからである。」そこで彼らが、『主よ、剣なら、このとおりここに二振りあります』と言うと、イエスは、『それでよい』と言われた」。ここから推察せねばならないのは、イエスは捕らえられる寸前には、剣までも備えたということである。しかしながら、いざ戦いになると、剣を振り上げてローマ兵に立ち向かった弟子に対して、剣をさやに納めるように言ったのもイエスである（ルカ二二・五一）。

イエスの十字架の罪状書には「ユダヤ人の王」と記された。これはイエスが政治犯であったことを物語る。ルカ福音書二四章二一節には「わたしたちは、あの方こそイスラエルを解放してくださると望みをかけていました。しかも、そのことがあってから、もう今日で三日目になります。」とある。

ところで、当時のユダヤ人の目から見た場合、救世主が出現するとすれば、それは宗教的な救い主という意味合いと同時に、ユダヤ国家を救済する王という政治的側面を併せ持っていたであろう。政治的に国家が救済されるということと、宗教的な救いを切り離すことは、当時のユダヤ人達には考えようがなかったと思われる。そもそもユダヤ教は、バビロニアによるユダヤ人捕囚以後、ヤハウエ礼拝による民族的アイデンティティの再興と国家再建を意図して、古代イスラエル宗教を再編した民族宗教である。そこには政治と宗教の分離は存在しなかったと思われる。また、イエスへの民衆の期待も、宗教的癒しに留まらず、イスラエル国家を再建し、民衆をローマ帝国から解放する救世主としての期待が寄せられたとも考えられる。

イエスの裁判は、ユダヤ議会サンヒドリンで行われた。三権分立のようなものは当然存在せず、祭司、律法学者によって議会が構成されていた。サンヒドリンで政治も行われれば、裁判も行われたのである。それは紀元前三世紀頃から始まり、紀元七〇年にローマ軍によって国が滅ぼされるまで、制度として存在した。

だが、イエス時代以後、紀元七〇年にはエルサレム神殿もまた破壊された。神殿の一部は今も残り、そこは「嘆きの壁」と呼ばれている。ローマ軍に対してユダヤ人は立ち上がり、マサダの砦での戦いとなったが、ユダヤ人は最終的には敗北したのである。

＊

ところで、サンヒドリンには七〇名の議員がいた。祭司が二四名。そして、大祭司が裁判長を務めた。他に長老二四名、律法学者十二名、計七〇名の議員によって構成されていた。サンヒドリンでの裁判は、政治犯に対する処刑権限を持ち合わせていなかったようである。それゆえ、イエスの裁判はサンヒドリンからローマの裁判所へと移され、ポンテオ・ピラトによってローマの裁きを受けたのである。（注、一般にサンヒドリンは七〇名と考えられるが、ユダヤ教のミシュナ（口伝法律）では、サンヒドリンは七一名とされる。これは、民数記十一・十六の七〇名にモーセを加えた数で考えられている。）

サンヒドリンでの尋問の様子に戻ってみよう。ルカ福音書二二章六七節から七一節にその場面が記されている。「『お前がメシアなら、そうだと言うがよい』と言った。イエスは言われた。『わたしが言っても、あなたたちは決して信じないだろう。わたしが尋ねても、決して答えないだろう。しかし、今から後、人の子は全能の神の右に座る。』そこで皆の者が、『では、お前は神の子か』と言うと、イエスは言われた。『わたしがそうだとは、あなたたちが言っている。』人々は、『これでもまだ証言が必要だろうか。我々は本人の口から聞いたのだ』と言った。そこで、全会衆が立ち上がり、イエスをピラトのもとに連れて行った」。

「『お前がメシアなら、そうだと言うがよい』と言った」とあるが、「メシア」とはヘブル語で「救い主」であり、本来「油をそそがれたもの」という意味があり、来たるべき王を意味していた。そして、ギリシャ語で「キリスト」というのと同義である。「ピラトのもとに連れて行った」とあるように、ユダヤ議会が政治犯としてイエスをローマの裁判所に引き渡したのである。イエスは神の子であるのかという質問に対して、イエスは『わたしがそうだとは、あなたたちが言っている』と述べている。返答は差し控えられているが、イエスはそれを否定しなかった。それゆえ、イエスの返答は神を汚すものであると断定された。

マルコによる福音書一四章六一節でも同様な尋問内容が記されている。「しかし、イエスは黙り続け何もお答えにならなかった。そこで、重ねて大祭司は尋ね、『お前はほむべき方の子、メシアなのか』と言った」。ここでもイエスのメシア性が問われたことが記されている。ほかに、マルコ一四章五八節から五九節では、「『この男が、『わたしは人間の手で造ったこの神殿を打ち倒し、三日あれば、手で造らない別の神殿を建ててみせる』と言うのを、わたしたちは聞きました。』しかし、この場合も、彼らの証言は食い違った」とある。神殿を冒瀆する発言をイエスが行ったというのである。だが、周りの者たちの証言は合わず、三名の証言が合わない限り証拠として採用されない（申命記一九・一五）という原則から、これが直接の有罪の理由とはならなかった。ここで分かることは、イエスを処刑する理由は明確ではなかったが、サンヒドリンはイエスを処刑したかったということである。ローマの裁判所に場所を移した後も、サンヒドリンのメンバーはイエスを十字架につけることを要求した（マルコ一五・一三）。

ところで、イエスを十字架にかけたのは誰か。サンヒドリンを経て、ローマの裁判所においても群衆が「十字架につけよ」と叫んだように書かれている（マルコ一五・一三、マタイ二七・二二、ルカ二三・二一）。この群衆の中に祭司長とサンヒドリン議員も加わっていたことを見落としてはならない（マルコ一五・一、マタイ二七・一、同二七・一二、ルカ二三・一三）。一般のユダヤ民衆がイエスを殺したかのように現代でも言われたりするが、それはユダヤ人への謂われなき偏見を生み出すものでしかなく、ここに決定的に関与したのはユダヤ議会とローマ帝国である。一五章一一節では、「祭司長たちは、バラバの方を釈放してもらうように群衆を扇動した」とある。過越の祭の特赦として、ピラトはイエスとバラバのどちらを許して欲しいかと群衆に問うが、祭司長たちは群衆を扇動してイエスを十字架につけようとした。

イエスの罪状書きについては、どの福音書にも「ユダヤ人の王」であったと記されている。ただし、ヨハネ福音書は少し異なることを書き加えている。「ピラトは罪状書きを書いて、十字架の上に掛けた。それには、「ナザレのイエス、ユダヤ人の王」と書いてあった。イエスが十字架につけられた場所は都に近かったので、多くのユダヤ人がその罪状書きを読んだ。それは、ヘブライ語、ラテン語、ギリシャ語で書かれていた。ユダヤ人の祭司長たちがピラトに、「『ユダヤ人の王』と書かず、『この男は「ユダヤ人の王」と自称した』と書いてください」と言った。しかし、ピラトは、「わたしが書いたものは、書いたままにしておけ」と答えた」（ヨハネ一九・一九―二二）。イエスは、ユダヤ人から見ても、本当のユダヤ人の王ではなく、本人がユダヤ人の王だと言っていたにすぎない。そのことを明確にしてくれという意味のことが、ピラトの言葉として語られている。

イエスを処刑したいとサンヒドリンが考え、ローマが関与したことは分かるが、イエスがなぜ処刑されたのかという決定的な理由は、聖書の中では明瞭でない。多くのユダヤ人がイエスと出会い、救われた。だが、それにもかかわらず、ユダヤ人はイエスを裏切ったという言い方がたびたびなされる。あるいは、そこに人間の罪があるなどとも言われる。しかし、事の次第は正確に見ておかねばならない。すでに述べたように、「十字架につけよ」と叫んだ群衆の背後にサンヒドリンが関与し、しかも、支配国であるローマは、イエスを無罪とする権限も持ち合わせていたにもかかわらず、刑を執行したのである。そこには、宗教家としてのイエスにともなった政治性が絡んでいたのである。仮に、支配国であるローマが、ユダヤ人の言うことを聞かず、イエスを無罪としていたとしても、ユダヤはそれを政治的に問題とする権限などなかっただろう。むしろ、無罪とならなかったのはローマ帝国から見ても、イエスは危険な存在であったからだろう。

多くのユダヤ人がイエスを慕い、先に述べたように、神殿をあたかも占拠するかのような行動を可能とするだけの力が民衆の後押しを得たイエスにはあった。そのようなイエスであるからこそ、ユダヤ議会もローマ帝国も問題視したと考える方が、イエスの処刑の経緯については分かりやすいと言わねばならない。

このような民衆のイエスへの期待と十字架刑の執行による失望が、後の復活伝承を生み出すことに繋がっていったと思われる。民衆はローマ帝国の圧政の下にありながら何もできずにいた。しかし、イエスはそれに対して否を唱え、さらにローマ帝国の下で無力であったユダヤ教を批判した。このようなイエスへの民衆の思いが、イエスの復活伝承を生み出したのではないのか。

イエスこそイスラエルを解放をしてくれるはずだったのにという思い（ルカ二四・二一）、それは不毛に終わったのではない。不毛ではなく、イエスの生き方というものを継承することによって、蘇ったイエスに出会うのだという宗教的モチーフが形成されたのではないだろうか。

マルコ福音書一六章一-八節　ガリラヤで出会う――復活の意味――

十字架にかけられてイエスは殺された。そして、葬られた。聖書によると、安息日が終わって、三人の女性が香油を塗るために墓へかけつけたことが記されている。しかし、その墓の入り口まで行ってみると、入り口がすでに開かれていて、イエスの遺体は無かったという。ユダヤでは、葬りの前に香油を遺体に塗る習わしがあった。また、葬りの方法は土葬ではなく、洞窟のような岩穴の中の石台に遺体を安置するという葬り方であった。香油を塗るというのは、一つには腐食を避けるという目的があっただろう。通常は亡くなった直後に香油を塗るはずであったが、イエスの場合は、処刑されたという経緯もあって、それをすることができなかった。だから、安息日が明けるのを待って三人の女性たちは香油を塗りに出かけて行った。

ところが、墓の入り口は大きな岩で閉じられていたはずであったが、開いていたというのである。「墓の中に入ると、白い長い衣を着た若者が右手に座っているのが見えたので、婦人たちはひどく驚いた。若者は言った。『驚くことはない。あなたがたは十字架につけられたナザレのイエスを捜しているが、あの方は復活なさって、ここにはおられない。御覧なさい。お納めした場所である。』」（五-六節）と記されている。また、「さあ、行って、弟子たちとペトロに告げなさい。『あの方は、あなたがたより先にガリラヤへ行かれる。かねて言われたとおり、そこでお目にかかれる』と」（七節）。このように女性らは語りかけられ、驚いて逃げ出してしまった。

マルコ福音書を注意深く見ていくと、一六章八節で終わっているのが分かる。次の九節からはカギ括弧が付されている。マルコ福音書は、四つの福音書の中では一番最初に書かれたものであり、この福音書にはイエスの誕生物語もなければ、復活以後のイエスと弟子たちの出会いの記事も本来存在しなかったのである。九節から後は、古い写本では見当たらない記事である。後代に九節以下が加筆されたのである。

マタイ福音書やルカ福音書は、マルコ福音書以後に書かれたことから、むしろ逆に、マタイやルカが追加した部分を写し取って、マルコ福音書九節以下が加筆されたと考えられる。この福音書が最初に書かれたときには、イエスの墓は空になっていたという話で終わっていたのである。そして、ガリラヤへ行きなさい。そこへ行けばあの方に会えるからという、メッセージこそ、本来のマルコ福音書の最後を締めくくる言葉だったのである。

マルコ福音書一四章二七節には、生前のイエスが弟子たちに語ったとされる言葉が記されている。「あなたがたは皆わたしにつまずく。『わたしは羊飼いを打つ。すると、羊は散ってしまう』と書いてあるからだ。しかし、わたしは復活した後、あなたがたより先にガリラヤへ行く」。イエスは十字架にかけられる前に、弟子たちにこのようなことを語っていたというストーリー構成をマルコは行っている。そして、イエスの墓が空になり、遺体が無くなった墓場で、白衣の若者から同じことがらが告げられる。もう一度ガリラヤへ行きなさい。もうイエスは、先に行ってしまわれました。そこへ行けばあの甦ったイエスと出会うことができる。本来のマルコ福音書はこんな終わり方をしているのである。

マルコ福音書は、イエスが活動した拠点がガリラヤであったことを強調する。たとえば、一章一四節以下で、イエスがガリラヤで伝道を開始したことを告げ、イエス伝が始まる。そして、イエスは蘇り、墓から出て、先にガリラヤへ行ったのである。それゆえ、その後を追いかけて行くならば、蘇ったイエスに出会うというのである。これがマルコの述べるイエスの復活のすべてである。

マルコ福音書が語る蘇ったキリストとの出会いというのは、まさに、イエスが活動したガリラヤの地へもう一度戻って行くことによって実現するのであり、そこでイエスの働きを継承して行くことによって、イエスとの再会が実現するのである。復活はそのような歩みの中で実現して行くのである。

ガリラヤという土地はいわゆるユダヤの文化だけではなく、さまざまな外国文化が持ち込まれていた場所であると言われている。紀元前六四年からユダヤのローマ支配が始まったが、ガリラヤはそれ以前からも外国の文化がどんどん取り入れられ、異色の土地であったという。イエスはそのような地を自分の活動の場所として選び、生きたのである。

*

ところで、イギリスのケンブリッジ大学の神学者ドン・キュピット（Don Cupitt）は『イエスとは誰か』（"Who was Jesus?"）という著書の中で、イエスはガリラヤに自分の家を持っていたと述べている。（それに対して、イエスは家もなく、貧しい人々と共に歩んだのであり、彼が家など持っていたはずがないと反論を述べる神学者もいる。）

マタイ福音書四章一三節では、「そして、ナザレを離れ、ゼブルンとナフタリの地方にある湖畔の町カファルナウムに来て住まわれた」と記されている。カファルナウムという土地は、ガリラヤ地方にあるガリラヤ湖に近い町である。イエスはそこに住んだというのだ。マタイ福音書九章一節では、「イエスは舟に乗って湖を渡り、自分の町に帰って来られた」という記述もある。その場所をマタイ福音書の前後から判断すると、やはりカファルナウムという場所であることが分かる。二八節を見ると、「イエスが家に入ると、盲人たちがそばに寄って来たので、『わたしにできると信じるのか』と言われた。二人は、『はい、主よ』と言った」と記されている。イエスが入った家というのは、盲人たちの家ではない。そこへ、あたかもイエスが帰る場所として入って行ったのである。すると、盲人たちがついて行って、その家の中に同席したのである。

また、マタイ福音書一三章一節では、「その日、イエスは家を出て、湖のほとりに座っておられた」とある。ここでも、あたかも自分の家を出て湖のほとりを散歩して、座っていたという記述になっている。「家」という言葉が、マタイによる福音書の中には一貫して出てきて、イエスがどこに拠点を置いて活動したかを、マタイは一つ一つ追いかけていることが分かる。さらに、一三章三六節では、「それから、イエスは群衆を後に残して家にお入りになった。すると、弟子たちがそばに寄って来て、『畑の毒麦のたとえを説明してください』と言った」。「毒麦のたとえ」をイエスは群衆に向かって話した後、家の方へ、休むために入って行った。すると、弟子たちも群衆を避けるように、同じ家の中に一緒に入って行き、イエスに譬え話の説明を求めたのである。

このように、イエスが住んだ家は弟子たちも出入りが可能であり、イエスは弟子たちと一緒に暮らしながら、そこを拠点として宣教した。時には、町で出会った人々がついて来て、そこへ一緒に入ってくることもある。それは、あたかも誰が見ても、「ああ、あそこはイエスたちの家なのだ」と言われるようなものであっただろう。ドン・キュピトの言うように、マタイ福音書から見る限りでは、イエスは自分の家を持っていたと考えることも可能なようである。

その家のあるところ、それがガリラヤ地方のカファルナウムという町であった。そうすると、マルコ福音書が一六章八節で終わっていることの意味が重要になってくる。マルコ福音書では、イエスが十字架にかけられ、葬られた。そして三日後、その墓へ行ってみると墓は空になっていた。ここで終わっている。

生前のイエスは、「ガリラヤへ、私は先に行く」と言っていた。すなわち、ガリラヤへ行けばイエスに会える。そのガリラヤはイエスが最初に伝道した場所であり、マタイによれば、家まで持った場所とされるほど縁の深い地である。その場所へ、もう一度、戻って行き、イエスのいたところにもう一度集まり、イエスから学んだものを実践するならば、蘇りのキリストに出会うのだ。それがマルコ福音書のテーマなのである。

ある意味では、マルコ福音書は不思議な福音書だと言える。イエスが十字架にかけられて、死に、そして葬られた。だが、その墓が空になったという話のみで終わるのであるから。そして、蘇ったイエスと出会うということを実現するのは、ガリラヤへ行くという弟子たちの行動によって実現するのである。ここにはただ教義としての復活を信じるということ以上のものが求められているのである。

二　マタイ福音書を読む

マタイ六章二五―三四節「明日のこと」――ホスピス――

はじめに、ひとつの詩を紹介したい。

ガン君に語りかけてみた

松井元

お腹に手を当ててガン君に語りかけてみた。
「どうしてそんなに頑張って大きくなろうとするんだ、
寄生主のボクの生命を奪ってしまえば結局君も死んで
元も子もなくなることはわかっているんだろう。
もう少し考え直したらどうか
ほどほどに大きくなるとか
いっそ小さくなって長く生きのびるとか」
でもガン君は沈黙したままだ、
仕方がないので
「君が黙っているならしょうがない、ボクはこの方面では

プロのドクターに教えられ、君に正面攻撃ではなく、
からめ手から攻めるから注意しておくように」
と捨てぜりふを言った
沈黙のまま
ボクは「君が大きくなってボクの細胞も生きていけなくなったとき
ともに死のう
そのときボクは救い主によって救われ
神様のところへ行って永遠の命を与えられるから
君にありがとうを言わなければならない、
君はどこへ行くんだい
君も天国に来たいなら生きているうちに、
自分の無力を知って
神に身体をあずけたらいいんだよ」とそっと言った。
お腹に当てている手がちょっとふるえたように思った。

一九九三年一月二十九日

この詩を書いた松井元さんは、一九九三年三月一七日に四九歳にして亡くなった。彼は、同志社大学の神学部を出たが、牧師にはならずに弁護士になった。彼が亡くなった後、その闘病生活が産経新

聞で紹介された。『家族の肖像――お父さんの残したもの』（一九九四年一月一二日より一月二三日）、それは計一二回の連載であった。その後、友人、知人らが思い出を綴った『ガン君に語りかけてみた――弁護士　松井元の生涯』（一九九四年三月発行、非売品）が出版された。紹介させていただいた彼の詩は、そこからの転載である。

松井さんが亡くなったのは、大阪の淀川キリスト教病院ホスピス病棟であった。ホスピスというのは、主に重い末期ガンの告知を受けた人、ターミナルケア、いわゆる終末期医療を必要とする人が入院する。普通の病院と違うのは延命治療よりも、痛みを除去することを先行し、緩和ケア病棟とも言われる。そして、九九パーセント近くまで、痛みをとることが可能と言われている。もともと、特殊な病棟であるから、普通は、入院する人は自分の命がそう長くないことは知っている。そして、残された時間を前向きに生きようとしている。松井さんもその一人であった。痛みが抑えられることによって、落ち着いて自分自身のことを考えることが可能となり、人生の最後の締めくくりが可能なのである。

松井さんは、同志社の神学部を出て大学院へ進んだのだが、それは六〇年代の大学紛争期であり、結局、大学院を中退した。もちろん洗礼を受けていたが、神学部を去って行った。

そんな松井さんがホスピスに入院したということを知らされて、訪ねて行ったときは、足が重たかった。末期ガンの人を訪ねて行くというのは、辛いものであった。どんな顔をして見舞おうか、行きづらかった。ところが、行ってみると、彼はやせ細ってはいたが、意識もしっかりしていた。

彼は私の顔を見ると、ホスピスに入るまでの経緯を語ってくれた。何度も辛い検査に耐え、最期まで病と戦って来られたことを知らされた。

「弁護士になって、世の中を何か変えられるだろう。それは、多分、牧師になるよりも、もっと世の中で何か出来るだろうと思った。けれども、弁護士になって、法律の解釈ばかりしていたのでは、何も世の中を変えられない。法律を作る方に行かなければ変えようがないと思う。」と私に言った。そして、「だが、もう一度、再洗礼を受けるかの勢いで、いまは、聖書の勉強をしている。」とも言った。

そして、いろいろ聖書のことなど話し合った。余命はそう長くないことは分かったが、せめて役立てばと思い、二度目に行った時には、聖書の注解書を持って行ったのを覚えている。私は、自分の教会のことでも、弁護士としての松井さんに随分お世話になった。

最後にホスピスへ見舞ったときは、ちょうど、私の教会が建築中でもあった。その写真を持って行き、見せると、小声で「うれしい」と言ってくれた。そして、「こんなことになるんだったら、せめて一度でも、君の教会の礼拝に出ておきたかった。しかし、今となっては、悔やまれる。」とも言われた。「これからも若い者たちにキリストの言葉を宣べ伝えていってくれ」。そんな彼の最後の言葉を、私は今も忘れない。それから、二、三日して、「亡くなられました」という連絡を受けた。

松井さんの詩は、ガンを「ガン君」と呼んで、語りかける調子で書かれている。天国へ自分は行くということを本当に自覚し、受け入れている。彼は自分が亡くなったときには、葬儀をどうするとか、祭壇の花の一本一本をどうするかというようなことまで取り決めていたという。葬儀では、彼からの挨拶と感謝の言葉が読み上げられた。

彼がホスピスで過ごしたのは約百日間であった。短い間であったが、貴重な時間だったと思われる。ホスピスには、ご家族も共に寝泊まりが可能であったので、そこで過ごされた時間は何ものにも代え難い貴重なものとなったようである。そして、人生というのは、一体、何であるのかというようなこともご家族と共に語られたようである。もちろん、最初にガンの宣告を受けた時のショックは、非常に酷なものであったと想像されるが、それを乗り越え、旅だって行く心の準備を、家族と共になされたのである。

彼の同級生であり、親友であった牧師は、毎日、遠方からホスピスを訪問し、彼のために共に祈ったそうである。亡くなられる寸前には、その牧師に、すまなさそうに、もう、天国に行って良いかと言われ、眠りにつかれたと聞く。

*

ところで、マタイ福音書六章二五節にイエスの言葉が記されている。「だから、言っておく。自分の命のことで何を食べようか何を飲もうかと、また自分の体のことで何を着ようかと思い悩むな。命は食べ物よりも大切であり、体は衣服よりも大切ではないか」。

二六節。「空の鳥をよく見なさい。種も蒔かず、刈り入れもせず、倉に納めもしない。だが、あなたがたの天の父は鳥を養ってくださる。あなたがたは、鳥よりも価値あるものではないか」。空の鳥が明日のことを考えて蓄えたりしているとは、とても思えないが、それでも、鳥は鳥として生きていける。あらゆる動物は、それぞれの生を与えられているのだ。

二七節以下、「あなたがたのうちだれが、思い悩んだからといって、寿命をわずかでも延ばすことができようか。なぜ、衣服のことで思い悩むのか。野の花がどのように育つのか、注意して見なさい。働きもせず、紡ぎもしない。しかし、言っておく。栄華を極めたソロモンでさえ、この花の一つほどにも着飾ってはいなかった。今日は生えていて、明日は炉に投げ込まれる野の草でさえ、神はこのように装ってくださる。まして、あなたがたにはなおさらのことではないか、信仰の薄い者たちよ」。

人間が生かされている存在であるとすれば、自分でもだえて生きて行こうとしなくとも、守られて生かされているということになる。しかし、そういうふうに信じることがなかなかできないのも人間の現状である。現代の社会の中で、我々は時間に追われて生きている。そんな生活からすれば、とても聖書に書かれたままに、「はい、そうですか」というふうには思えない現実がある。

三一節以下、「だから、『何を食べようか』『何を飲もうか』『何を着ようか』と言って、思い悩むな。それはみな、異邦人が切に求めているものだ。あなたがたの天の父は、これらのものがみなあなたがたに必要なことをご存じである。何よりもまず、神の国と神の義を求めなさい。そうすれば、これらのものはみな加えて与えられる。だから、明日のことまで思い悩むな。明日のことは明日自らが思い悩む。その日の苦労は、その日だけで十分である」。

「明日のことを思い悩むな」という言葉は、フランスの作家ロマン・ロランの小説『ジャン・クリストフ』にも出てくる言葉である。ベートーベンの生涯をモデルにして書かれたこの小説の主人公ジャン・クリストフが、若い頃、いろいろな失敗の末、叔父を訪ねていく場面がある。そして、叔父が話を聞いて励ますのだ。その言葉に、このマタイ六・三五の言葉がそのまま使われている。「だから明日のことまで思い悩むな。明日のことは、明日自らが思い悩む。その日の苦労はその日だけで十分である」。この言葉に支えられて、主人公は傷ついた心を癒され、希望を持って生きて行こうとする。私がこの小説のそのような場面を読んだのは、思えば、まだ聖書とは無縁の頃であった。

松井さんはこのようにも言っていた。「ホスピスに来て良かった。ここに来てから、痛まなくなった。いろいろな事を考えることができる」。通常、抗ガン剤は副作用による痛みを伴うものであるらしく、その使用によって、苦しみ抜いて最後を迎えなくてはならなかった人も私は知っている。それよりは、延命はなくとも、与えられた貴重な時間を、悔いなく締めくくる方が重要であると思う。人間である限り、死なない人間はいないのだ。死は忌まわしいものでもなんでもない。それは誰にでも訪れる。松井さんは、病床にあっても「体力は衰えているが、気力は充実している」と言っておられたと言う。最期まで、前向きに生きられた人であった。自分らしく生きると共に、出来ることならば、自分らしく死ねることも幸せなことと言わねばならないだろう。松井さんはホスピスにおいて、本当に有意義な末期を過ごされたと思う。イエスは「私は既に世に勝っている。（ヨハネ一六・三三）」と言っているが、松井さんもそのような生き様をされた人であった。

マタイ九章一八－二六節　死んだのではない、眠っているのだ――臓器移植法――

アメリカでは一九九二年には、すでに年間約一万件の腎臓移植、約三千件の肝臓移植、約二千件の心臓移植が行われていたという。そして、移植を待っている人は、腎臓では約二万人、心臓と肝臓は、常時、二千人以上が提供を待っているという。日本でも一九九七年六月の臓器移植法施行以来、初めての臓器移植が一九九九年に実施された。これは、高知赤十字病院で最初のドナーを得て、行われたものである。しかし、臓器移植法が法律として成立するまでにはさまざまな論議があったし、この法律の施行後、三年間の状況を見て、もう一度、改正を行うことが付帯決議とされるなど、まだまだ、論議されねばならない点が山積していると思う。

この法律ができる過程で問題になったのは、「脳死は人の死か」ということであった。身体は動いているけれども脳は死んでいるという状態は、外見上はとてもその人が死んでいるとは思えない状態である。このような特殊な状態においても、ドナーカードを保持していて、臓器提供の意思表示がなされている場合には、その脳死者は死んだと判断することができるというのが臓器移植法の定めるところである。

人間の脳には、心臓等をコントロールする部分がある。それが脳幹である。その部分が破壊されると心臓が止まり、やがては呼吸も止まることになる。このように、脳幹が破壊されると、通常は死に至るのである。ところが、人工呼吸器の発達によって、脳幹が破壊されても機械で呼吸させることで、酸素の供給がなされ、心臓も動き続けることが可能となった。それゆえ、脳は死んでも心臓は動き、血流は保持される状態が可能となった。これが、脳死状態である。誰が見てもその人は眠っているとしか思えないような状態であっても、脳は死んでいるのである。これは従来の死亡判定基準であった、心停止、瞳孔散大、呼吸停止等の要件とはまったく異なるものである。脳死判定は「深い昏睡」「瞳孔の固定」「脳幹反射の消失」「平坦脳波」「自発呼吸の消失」という竹内基準と呼ばれる五項目によって行われるものであり、医学が生み出した新しい「死」である。だが、それが本当に人の死と言えるものであるのか、が重大な問題点である。

臓器移植法は、いろいろ今後も解決しなければならない問題点を多く抱えている。たとえば、臓器の売買はくい止められるのかということや未成年者の臓器を移植することは可能かという問題もある。臓器移植法では、民法上の遺言可能年齢である一五歳以上でなければ、臓器提供の意思表示はできないことになっている。この点が、特に二〇〇〇年一〇月から始まった臓器移植法見直しの大きな論点となっている。未成年者をどうするのかという問題も、ドナーとレシピエントの両視点という二重の面で問題を含むのである。臓器を必要とする我が子を助けたい親がいる一方に、たとえ脳死と判定されたとしても、我が子の死を認めたくないという親の感情、それのどちらを見ても深刻である。また、成人と子どもでは脳死判定基準は異なるものとならざるを得ないだろうし、幼児においては本人の意思表示をどこまで親が代理する権限を持っていると言えるのかということも検討されねばならないだろう。

病院などで見かける「意思表示カード」、これも登録制ではないので、偽造されるというようなことが起こらないとも限らない。また、家族が、そんなものを持っていることは知らなかったということも起こりうる。ただし、家族が反対した場合には移植はできないということには一応なっている。それでも、本人が書いたものでなくても、家族が同意してしまうことも起こり得る可能性はあると思われる。このような点でも問題を含んでいると言わねばならない。

さらに、何らかの病を持つ人の臓器を採った場合、その臓器は使えるのかという問題がある。不謹慎に聞こえるかもしれないが、健康な人が事故死した場合が一番良い臓器が手に入るのである。また、重傷を負った人がドナーカードを保持した状態で、救急病院にかつぎ込まれたとする。その場合、臓器移植を行うべくドナーを求めていた側にとっては、救命治療よりもドナーを得ることが先行する可能性も十分考えられる。助けるよりも死なせるということが先行される可能性がまったく無いとは言えない。

また、現在の「ドナーカード」は、自分で書いて、自分のポケットに入れるだけのものであるから、他人は知らないが密かに保持しているというのが一般的だろう。免許証の裏にシールで貼り付けることも推し進められているが、これも慎重に考えねばならない問題を含んでいる。現在のところ、免許証の裏に付けること自体が任意のものであるが、これが「イエス」か「ノー」のどちらかを選択する義務として制度化されるとすれば、あるいは積極的に「ノー」を意思表示していない限り、脳死状態になった場合には、ドナーとして一律に扱われることになって行く危険性もある。

運転免許証による意思表示が義務化されるとすれば、その場合には現行のようにシール形式にしておくことも重要である。シールならば、意思内容が変わっても、本人が貼り替えることで手軽に変更できるが、免許証に記載するとなると、もし、提供意思が変わった場合、警察へ行って免許証の書換えをするという煩雑さをともなうことになる。

＊

二〇〇〇年一〇月から臓器移植法の見直しに向けて、当時、厚生省の厚生科学研究費研究班のメンバーであった町野朔氏は、二〇〇〇年二月一八日に改正案中間報告を発表し、同年八月二二日に最終案を厚生省に提出している。そして、法律によって脳死を一律に人の死とし、脳死を認めるか認めないかという判断を個人に認めない方向を提案した。また、脳死になった人がドナーカードをもっていない場合は、家族の承諾があれば移植を可能とする方針であり、一五歳未満の脳死の子どもについても、親権者の承諾により移植を認めようとするものである。もちろん、これに対する反対の意見が出され、代案や折衷案も唱えられている。

ところで、日本大学医学部林成之教授によって開発された脳低体温療法という治療法がある。これは頭部外傷により脳に傷害を受けた人を、脳死から救う画期的な治療である。脳が障害を受けた際に、脳が腫れあがることによって頭蓋骨によって圧迫され、脳が破壊されるという悪循環を防ぐために、冷水の灌流（かんりゅう）するパッドで体温と血液温度を下げることで、脳内温度を三二〜三四度に下げ、脳の低体温を維持する治療法である。これによって脳の腫れを防ぎ、脳が致命的な傷害を受けて脳死になるのを防ぐのである。（参考文献、NHK林勝彦&「人体」プロジェクト著『これが脳低体温療法だ』日本放送出版協会、一九九七年）

通常では助からないような状態にあった人も一命を取り留めているという多くの事例が存在する。この療法は特殊な水の入ったマットで患者をくるんで、体温を三二度くらいに下げるが、低温では臓器は傷む可能性がある。臓器をまったく傷めずに脳低体温療法を行うことは不可能らしく、やはり傷むそうである。すると、もし新鮮な臓器を取り出すために脳低体温療法とは逆のことを行えばどうなるだろうか。たとえば、抗利尿剤という尿を出させない薬を点滴して、身体の中に水分をためて水膨れ状態にする。すると、頭蓋骨の中で、脳も当然膨れて壊れていく。そして、脳死状態にさらに近づくのである。ところが、この場合、臓器の方は十分な水分を含んで新鮮な状態を保つことができるのである。もし、はじめに移植ありき、という姿勢で臨もうと思えば、このようにして臓器摘出にふさわしい臓器をつくり出し、積極的に脳死の状態を招来させることも十分可能なのである。
では、初めての脳死臓器移植であった高知のドナーの場合、脳低体温療法は行われたのだろうか。これらの詳しい報告は、高知新聞社のホームページ上（http://www.kochinews.cc.jp/nousifr.htm＃BACK）でも報じられている。高知赤十字病院は一九九六年から脳低体温療法を導入し、それまでに約二〇例を行い、社会復帰にまで導いた患者も少なくなかったにもかかわらず、医師の判断で脳低体温療法は実施されていなかったのである。どの新聞も当時、詳細な報道を行ったが、それらを見る限りでは、脳死判定においてすら、本当にその人を救うことを先行して行われたのかどうか疑問である。はじめにドナーありき、という処置が行われはしなかっただろうか。たとえば、脳波の測定については、一度脳波が停止したと発表したにもかかわらず、後にやはり基準値の脳波が存在するというような撤回もなされたのである。

脳死判定のために無呼吸テストというものが実施されるが、これは一〇分間人工呼吸器を止めて、自発呼吸があるかどうかで脳幹が生きているかを確かめるテストである。もちろん、一〇分も呼吸を遮ることによって、さらに患者を脳死状態に追いこむ危険性もともなっている。高知赤十字病院では、それが家族への説明がなされないままに実施されたのである。これは患者の家族への説明義務違反と言わねばならないだろう。無呼吸テストは、万一の場合に備えて、体内に酸素を多めに含ませ血の循環を良くしてから、いっきに一〇分間人工呼吸器を停止するのだが、やはり危険を伴う。そこで専門家には無呼吸テストは六分くらいに短縮すべきであるという意見もある。

＊

こう考えてみると、現代の先端技術である臓器移植というものは、さまざまな問題を孕んでいるのだが、さて、それはキリスト教の倫理においてはどのように考えて行くべきなのであろうか。すでに、一九九九年三月には、京都において日本キリスト教協議会のNCC宗教研究所によって、仏教、神道系新興宗教、キリスト教も含めたシンポジウムが開催され、それぞれの意見を出し合う機会が持たれている。（参考文献、NCC宗教研究所編『脳死・臓器移植と日本の宗教者』ルガール社、一九九九年）

そのシンポジウムの際には、キリスト教の立場は未だ明確なものとはけっして言えない状態であったが、今後、臓器移植をどう考えればいいのか。臓器を移植することによって多くの命が助かる。だがその一方には、ドナーとなった人の死が存在する。また、脳死臓器移植では、心臓は動いているが、脳は死んでいるということで、それが人の死であるかどうか議論がなされており、その結論の出ていない状況の中で人の臓器を取るのである。心臓が動いている限り、従来では「人が死んだ」とは言わなかった。けれども、ドナーとしての意思表示があれば、「死んだ」と見なすのである。これは宗教的にも矛盾を含んではいないか。「死とは何か」という概念が、人間の生み出した医療技術によって揺らいでいる。

＊

マタイ福音書九章一八節以下に次のようにある。

「イエスがこのようなことを話しておられると、ある指導者がそばに来て、ひれ伏して言った。『わたしの娘がたったいま死にました。でも、おいでになって手を置いてやってください。そうすれば、生き返るでしょう。』そこで、イエスは立ち上がり、彼について行かれた。弟子たちも一緒だった。

すると、そこへ一二年間も患って出血が続いている女が近寄って来て、後ろからイエスの服の房に触れた。『この方の服に触れさえすれば治してもらえる』と思ったからである。イエスは振り向いて、彼女を見ながら言われた。『娘よ、元気になりなさい。あなたの信仰があなたを救った。』そのとき、彼女は治った（一八〜二二）」。

続いて、「イエスは指導者の家に行き、笛を吹く者たちや騒いでいる群衆を御覧になって、言われた。『あちらへ行きなさい。少女は死んだのではない。眠っているのだ。』人々はイエスをあざ笑った。（二三〜二三）」とある。

「あちらへ行きなさい」というのは、笛を吹いている人や騒いでいる群衆に向かって言っているのである。「笛を吹く」のは、当時のユダヤの葬儀で行われていたことであり、また、「泣き女」という泣くことを引き受けている女性もいて、葬儀がなされる慣習があった。そういう人たちに、「あちらへ行きなさい」、すなわち、葬儀は必要ではないとイエスは言ったのである。そして、「少女は死んだのではない。眠っているのだ。」と言う。しかし、誰が考えても、少女は死んでいた。だから葬儀を始めようとしていると誰もが思ったのだ。

二五節では、「群衆を外に出すと、イエスは家の中に入り、少女の手をお取りになった。すると、少女は起き上がった。このうわさはその地方一帯に広まった。」とある。

福音書の中には癒しや奇跡の物語が多く出てくる。何度も出てきて、そして、最後は、イエス自身の復活の話で締め括られる。復活というのは、神の力を表現する場合の一つの比喩であるとも理解できる。復活は、病からの癒し、あるいは絶望から希望への神のイメージをそこに描くものである。

テレビのニュースで偶然にも、脳死状態の患者さんがベットに寝ているところを見たことがある。顔だけは分からないように放映されていたが、見るからに、痛ましい感じである。それはその人が死んでいるように見えるからではなく、生きているように見えるのに死んでいると判断されているから痛ましいのである。アップで写された手の感じから、その人は三〇歳前後の女性と思えた。どう見ても、ただその人は寝ているだけという様子であった。死んでいるとは思えなかった。かすかな胸の動きから呼吸があることをテレビ・カメラは伝えていた。

＊

このような状態にある人を家族が見た場合、本当にその人の死を受け容れることができるだろうか。また、人間が死を定義できるものなのか。過去、現在においても、人類のいかなる文明においても、人の死に対する祭儀がともなうのはなぜか。それは、人は他者の死を見た時に、自らもそれを受容し、死を、残された者たちの間で完了させるためではなかったのか。たとえば、末期の人への呼びかけによって始まる『チベットの死者の書』による魂の導きは、一人死んで行く者に向けられたものではない。死後の葬儀も含めた四九日間、魂の導きを唱えるその埋蔵経の内容は、残された者たちにおいても死を完了させるためのものではないのか。

死は定義ではなく、受容されるべきものである。だとすれば、脳死判定というような現代的儀式によって、死が受容されうるのか。脳死は本当に人の死なのか。また、その儀式は残された者にとっては受容という側面を持ち得たとしても、脳死者自身は臓器を摘出される時に本当に死んでいて、痛みを感じていないと誰が断言できるだろうか。臓器摘出時に麻酔が使用されることもあるらしいが、もし、本当に脳死が人の死であるならば、死体に麻酔をするということは実に不可解なことと言わねばならない。

キリスト教の倫理は、脳死をどう考えるか。人が死ぬというのは、一体、何が起こったとすべきなのか。とかく、臓器提供を待つ人のことが強調され、それが愛の行為というキャンペーンがなされているが、命を落とす側であるドナーへの尊厳を見落とすことは許されない。

＊

曽野綾子が次のようなことを書いている。「脳死段階での臓器提供は、あくまで個人の生き方の選択を示すものであるはずであった。臓器移植の基本は、受けたい人と贈りたい人との間だけで行えばいいことなのである。」（一九九九年三月七日、毎日新聞〈時代の風〉「提供する自由を妨げるな」）

曽野によるこの発言は、甚だ無責任である。個人の問題であるのならば、それは法的問題になることはなく、倫理的問題の次元に留まったであろう。さらに、曽野は言う。「『脳死は人の死ではない』と主張するのも自由なのだが、私の知人の看護婦のように、『脳死状態で数日すると、鼻の穴などから腐敗臭がしてきますから、だれにでも脳が死んでいることはわかると思いますけど』と言う人もいる」。曽野はこんなことを持ち出して、脳死者の体はすでに腐りかけている遺体に過ぎないと言いたいのだ。そして、「これだけ脳死段階からの臓器移植が遅れたのは、自分が臓器を提供しないだけでなく、他人の提供も妨げる人たちがいたからである」と述べて、臓器移植の問題点を訴える人々の存在を、曽野はかつて脳死臨調のメンバーであったにもかかわらず、妨害者扱いする。

「『取られる』と感じる人からは、まかり間違っても臓器を取ることがないようにすればいい。同様に『取られる派』も『さしあげさせて頂く派』の自由をじゃましないことだが、脳死臨調では、はっきりと妨げられたのである。私の印象の中では、少なくともそういう記憶と印象が残っている。反対派のために、今までどれだけ多くの人が命を落として来たかしれないのだ」。まったく事実無根な言いがかりとはこのことである。臓器移植法が施行された現在でも、そうそう頻繁に移植手術が起こっているわけでもない。曽野は法施行前の論議を妨害のように言うのである。

「私は昔、脳死臨調のメンバーの一人だった。中で『臓器を取られる』という表現を聞いた時、はっとした。臓器を『取られる』のは弱者で、それは『損をすること』『泣きを見ること』だと考える方も、私の気持ちからははるかに遠いものであった。私のような者は『取られる』どころか『さしあげさせて頂く』と思っていたからだった。私の母が献眼をした時から、私たち家族が彼女の死を明るく感じられるようになったのは、まさに聖書にある『受けるより与える方が幸いである』という逆説の持つ重さを実感したからだった」。

曽野の言うような「個人の生き方の選択」の問題ではないところに、脳死臓器移植は法整備の必要性が生じているのである。「受けるより与える方が幸い」というのは、曽野個人の胸に秘めておけばよい話である。だが、それを普遍化することは暴力的でさえある。一見、説得力があるかに見えることの主張であるが、脳死は人の死であるかという問題は、死生観の問題という個人的思想の側面と国家の医療制度という社会性の側面を併せ持っている。それを個人的倫理や感情論で論じるのはいかがなものか。曽野の言う「受けるより与える方が幸いである」に対して、さらに言えば、そのような価値観は自分が与える時にのみ、自分に対して課していくべきことである。それを他人に要望することは慎むべきである。たとえば、生体肝移植などでは家族間での臓器提供等の事例があるが、これも家族愛だという言い方をするのは危険なものを孕んでいる。家族に臓器を与えたくても、体力の衰えやさまざまな理由から、そのようにできない場合もあるだろうし、それができないのは愛がないからだというようになれば、ドナーとなれない人には思いもかけないような精神的負担を与えることになる可能性があるだろう。

＊

イエスをとりまいた人々はすでに葬儀を始めていた。その中で、イエスは「少女は死んだのではない。眠っているのだ。」と言った。一体、誰が自分で自分の命を、今日まで、明日まで、いや、何時までと決めることができるだろうか。あるいは、生まれてきたことすらも、自分で日時を選んで生まれた人間はいない。そのことを考えると、命の判断をする権限など人間には存在しないと言える。死は判断されるのではなく、受容されるべきものなのだ。

旧約聖書ヨブ記の一章二一節に、こう書いてある。「わたしは裸で母の胎を出た。裸でそこに帰ろう。主は与え、主は奪う。主の御名はほめたたえられよ」。命は神から与えられたものであり、神が奪われるものでもある。自分のもののようでありながら、実は、神から借りていたものであるということを、ヨブは述べている。命の尊厳は、そのような視点から問われねばならない。

聖書に存在しないことがらの判断は、どこまでが聖書にもとづかねばならないのか。それもキリスト教内部でのテーマとなりうるが、歴史の中でキリスト教の教義内容自体が組み立てられねばならないとも言えよう。積み上げられてきたキリスト教の伝統的な聖書理解に加えて、さらに今日的な問題をどう判断するか、それが問われている。

＊

以下のURLに書評として拙論を収録しているので参照されたい。http://homepage2.nifty.com/TakeshiHori/ クレア・シルヴィア&ウィリアム・ノヴァック著『記憶する心臓—ある心臓移植患者の手記—』(角川書店、一九九八年)(NCC日本キリスト教協議会宗教研究所発行「出会い」五〇号、一九九九年一一月、六一頁以下)本書は問題提起の書である。

マタイ二五章三一—四六節「主に仕える」真のキリスト者とは

マタイ福音書二五・三一以下はマタイにのみ書かれている話である。「人の子は、栄光に輝いて天使たちを皆従えて来るとき、その栄光の座に着く」。「人の子」というのは、再び、この世の終わりの時に再臨する救世主のことである。これは、旧約聖書のダニエル書の中に出て来る。この世の終わりの時に「人の子」が雲に乗ってやって来ると記されている。その時に、我々人間に向けて問いが発せられるというのである。

次に審判の模様が描かれる。「すべての国の民がその前に集められると、羊飼いが羊と山羊を分けるように、彼らをより分け、羊を右に、山羊を左に置く。そこで、王は右側にいる人たちに言う。『さあ、わたしの父に祝福された人たち、天地創造の時からお前たちのために用意されている国を受け継ぎなさい。(マタイ二五・三一〜三四)』」と言う。

そして、神は最後の審判の後、受け入れた者たちに言う。「お前たちは、わたしが飢えていたときに食べさせ、のどが渇いていたときに飲ませ、旅をしていたときに宿を貸し、裸のときに着せ、病気のときに見舞い、牢にいたときに訪ねてくれたからだ（三五～三六）」。だが、正しいとされ、神から受け入れられた者たちが次のようなことを言う。「主よ、いつわたしたちは、飢えておられるのを見て食べ物を差し上げ、のどが渇いておられるのを見て飲み物を差し上げたでしょうか（三七）」。

選ばれた者であるにもかかわらず、彼らは特に何をしたという自覚がないというのである。その次も、「いつ、旅をしておられるのを見てお宿を貸し、裸でおられるのを見てお着せしたでしょうか。いつ、病気をなさったり、牢におられたりするのを見て、お訪ねしたでしょうか。（三八～三九）」と言い、自分達はそのような善行をほどこした記憶がないと言うのである。

だが、「王は答える。『はっきり言っておく。わたしの兄弟であるこの最も小さい者の一人にしたのは、わたしにしてくれたことなのである』（四〇）」。直接、神に仕えるようなことをしたという記憶がない。そういう人々が、実は神から受け入れられたのである。

逆に、左側にいる人たちに対して、「呪われた者どもよ」と神は言い、「わたしから離れ去り、悪魔とその手下のために用意してある永遠の火に入れ。お前たちは、わたしが飢えていたときに食べさせず、のどが渇いたときに飲ませず、旅をしていたときに宿を貸さず、裸のときに着せず、病気のとき、牢にいたときに、訪ねてくれなかったからだ（四一～四四）」。

このような思いもかけない神からの拒絶に対して、彼らは「主よ、いつわたしたちは、あなたが飢えたり、渇いたり、旅をしたり、裸であったり、病気であったり、牢におられたりするのを見て、お世話をしなかったでしょうか。（四四）」と言っている。通り一遍の信仰なら持っていたはずである彼らである。いや、通り一遍どころか、彼らは誰が見ても立派な信仰者であったのかも知れない。

四五節で、「そこで、王は答える。『はっきり言っておく。この最も小さい者の一人にしなかったのは、わたしにしてくれなかったことなのである』」。これは拒絶された者にとって、思いもかけない言葉だっただろう。一生懸命に神に仕えていたと自分では思っていたはずの人たちが、おまえ達は何もしてくれなかったと神から言われたのである。その一方では、何も良いことをした記憶がないというような人が、神に受け入れられたのである。

＊

大阪の日雇労働者の街である釜ケ埼では、行路病死などの死者を出さないようにと労働者自らが冬との闘いに備える「越冬闘争」への突入集会を毎年、年末に行う。それは冬という自然の季節との闘いであるだけではない。寒空の下で仕事がなく、時には宿泊する場所もない状況に追いやられるという社会状況に対して、労働者自らが自らを守る闘いでもある。集会のある三角公園という公園に集まった労働者を、機動隊があたかも暴挙に走る者を鎮圧でもするかのように取り囲む。その光景はきわめて不自然である。それがどんなものであるのか。私が一九八五年に書いた古い詩で恐縮だが、お読み頂きたい。ここに書いたことは、本質的には今もあまり変わっていないと思う。

不思議な公園

ここは不思議な公園だ

何百人もの行列に誰一人割り込む人もなく
配られる一つの餅に正月を確認する
寒さしのぎに火を囲む
一杯の雑炊をすする
古着を分けあい
ロボットどもに包囲され
野宿する人が六百人

ここは不思議な公園だ
入る人は
既に六百機のロボットどもの機械的視線を無視してきた
出ようとする人は
六百機のロボットどもと口論せねばならない
日本国憲法二十一条と
あるいは全条文について

ここは不思議な公園だ
六百個のジュラルミン盾と警棒が歩く

足音は天皇の軍隊のリズムである
だから、僕は精いっぱいにらみつけている
リモート・コントロールと
コンピュータ制御されたロボットの構造が知りたくて

ここは不思議な公園だ
包囲する側の暴力と
包囲される側の貧しい人々の良心があって
この公園にたたずむだけで
機動隊のまき散らす政治的意味が
君にも再発生する
釜ケ崎　三角公園では

越冬闘争は、厳しい冬の寒さの下で、一人の死者も出さないようにするための、労働者による労働者自らを守るための闘いであるが、それにも関わらず機動隊が包囲する。今でも、同じような光景は釜ヶ崎ではけっして珍しいことではない。しかも、不況によって労働者の生活は更に厳しいものになっているようである。弱っている労働者を取り囲み、機動隊は何を警備するというのだろうか。

＊

一九九五年クリスマスであった。三角公園の越冬闘争への突入集会に参加した。そこで、友人から一人の女性を紹介された。五〇歳前後の方である。やがて、集会が終わり、近所にこの人のアパートがあるので、良かったら一緒に送ってやってくれと言われ、私も同行した。そして、この方のアパートにもお邪魔することになった。

お茶をいただきながら話に聞き入っていると、彼女は唐突に切り出した。「私は、かって、新左翼運動の過激派のメンバーでした」。そして、赤軍派とも交流があったという。赤軍派といえば、連合赤軍事件は忘れがたい大事件であった。それは一九七二年に浅間山荘で起こった出来事である。そして、彼女Mさんは連合赤軍のメンバーとも交流があったと言うのである。

当時、連合赤軍のリーダーであった森恒夫は、逮捕されて後、獄中で自殺したが、彼が山にこもることを決定したときに、Mさんはそれに反対したという。山の中に入って行っても、そこには民衆はいない。民衆のための闘いをすることは、山にこもっては出来ないと考えたのだ。メンバーであった板東国男は、組織のことは一切しゃべるなという約束と共に、山に入る計画にMさんを加えず、結局、Mさんは彼らとは距離を置くこととなった。

Mさんの婚約者はメンバーの一人であった。彼は山へ入ることを選択したのだ。その頃、彼女はその婚約者の子どもを身ごもっていたと言う。彼女は何とかして、彼らが山へ入るのを止めたいと思った。そして、婚約者の両親のもとへ走った。山に入るのを止めさせるべきである、そうしなければ大変なことになる。彼女はそう考えた。だが、彼らを止めることは誰にもできることではなかった。

その後、しばらくして、Mさんは浅間山荘事件が起こる以前に、警察に過激派として逮捕されることなった。獄中では、厳しい取り調べが毎日続き、連合赤軍がどこにいるのかということを刑事は執拗に問い続けた。だが、組織のことは一切しゃべらないというのが互いの約束であった。また、山に入る計画には合流しなかったとはいえ、Mさんはけっして彼らの思想を否定したのではなかった。運動の方法論の違いから、参加しなかったということでしかなかった。何があっても、彼らの事は喋らない。それは彼女にとって、思想を守り通す闘いでもあっただろう。口を割ることなく、執拗な取調べに耐えつつがんばり通していたのである。

そんな事が続いたある日、取調べの刑事が新聞を目の前に、ポーンと投げつけてきた。第一面には連合赤軍による浅間山荘事件の記事があり、メンバーは浅間山荘に立てこもったが、全員投降したことが書かれていた。そして、Mさんは、婚約者をはじめ、多くの赤軍派メンバーが「総括」と称して殺されたことを知った。

Mさんが言うには、もし、あの時、彼らがどこにいるのかを、自分が喋っていたなら、警察はもっと早く彼らを取り押さえ、あの惨事をくい止めることが出来たのではないのか。しかし、組織のことは喋らない、自分は行動を共にして山に入ることはしなかったが、彼らには彼らの運動を継続し、成功して欲しいと願っていた。だからこそ、刑事の取調べに耐え、彼らのことを一切喋らないでがんばったのであった。だが、その記事を見た後、自分は一体、何のために彼らの居場所を喋らずにがんばり通したのかという自責の念に襲われたのだという。事件があってから三〇年近くにもなるが、夜、寝ていても、一人一人のメンバーの顔が浮かび、うなされて目が覚めることもあると言う。

Mさんの話を聞きながら、機動隊によって包囲され、銃撃戦を行っている光景が、連日テレビで放送されていたのを赤裸々に思い出した。山荘の管理をしていた女性が人質となっていて、その人を救出するという名目で、警察は、粛清によってわずか数名になっていた連合赤軍メンバーを、千名以上の機動隊を動員して包囲した。警官が負傷すると、大悪党の仕業と言わんばかりの報道であった。山に立てこもる彼らを包囲した側の証言こそ、映画になったりもしているが、赤軍派の側からの浅間山荘での出来事は今でもタブーなのだろうか。その数ヶ月後には岡本公三によるテルアビブ空港での乱射事件があり、それらは日本の新左翼運動の悲惨な終局を暗示する事件となったのである。

Mさんは、しばらく沈黙していた私に、「あなたが、牧師さんということでお話ししたんです」と言った。そして、「私は、クリスチャンではないけれども、聖書は学びました。実は、時々、聖書を開いて読むんですよ。聖書は私の心の支えです。」と言った。思いがけない人に出会い、思いがけない話が出て、思いがけない人の口から聖書の話が出てくる。初対面であった私に、そこまでの話をしてもらえたということを、今でも本当に有り難いことであったと思っている。

Mさんはしばらく教会へ通ったこともあるようだ。釜ケ崎へ来てからも、そこにあるいずれかの教会に足を運ばれたようである。現在、厳しい労働と生活を余儀なくさせられている釜ヶ崎の労働者を支援する生き方に、すべてを捧げているのだ。

以後、Mさんには釜ケ崎で二度目の再会をした。そして、更に彼女の経歴や思想について学ぶこともできたが、それらを詳しく述べるのは、残念だが別の機会を待ちたいと思う。

＊

たとえば、牧師をしていたときに、「もしもし、教会ですか。あのう、突然ですが、クリスチャンになりたいんですが、どうしたらいいでしょうか。」という電話がかかったことがある。何とも分かりやすい質問である。しかし、何とも答えに困る質問でもある。「クリスチャンになりたいんでしたら、それは、教会に来て、礼拝に、まず出ることですね。そして、聖書を読んで勉強することです。そして、やがて信じられるようになったら、洗礼を受けることですね。」と、こんなことを言いながら、私自身、実は、「この答えはなっていないなぁ」と思ったものである。では、一体、クリスチャンになるというのは、何をしろということなのか。

形の上でクリスチャンになる、教会へ行く、礼拝に出る、献金をして、讃美歌を歌っている、お祈りも毎日するということで、クリスチャンになれたのか。そういうものではあるまい。

＊

私が最初に赴任した教会は、大阪にある日本基督教団の教会であった。それは日本で最大の在日朝鮮人の居住区である生野区から少し離れた、東淀川区上新庄というところにあった。（注、日本の植民地支配によって、現在、日本に在住する韓国籍、朝鮮籍、日本籍の人々を「在日朝鮮人」と表記する）。教会の牧師にはめずらしく、私はその土地で育った者である。そして、実家周辺は小松という地名で、小学校でもクラスに二、三名の在日朝鮮人の子どもがいたと記憶する。

教会最寄りの阪急京都線上新庄駅と次の相川駅の間には、大きなガードがあり、その下を淀川の支流である神崎川が流れている。私が子どもの頃、この川の付近にはメリヤス工場などがたくさん存在した。小学生の頃、校舎の窓からは、晒しが三階建ての校舎と競う程に高く、何十枚と干されている光景を見ることができた。戦後まもなくの頃は、神崎川を船が行き、工場へと石炭が運び込まれたと聞く。積み降ろしに在日の人々が従事し、当時、まだ水がきれいであったその川では、晒しを洗うオモニたちの姿があったそうだ。

一九六六年四月のことであった。私が中学一年生であったと記憶する。教会から約一キロほどの距離にある大阪市立盲学校へ天皇、皇后が訪問した。地域の小学校や町内会も大あわてで、小中学生は、教会から百メートルほどの大通りで、日の丸を振ることを強要された。いまにして思えば、何もわからず日の丸を振ることを強要された小学生や中学生の列は、教会周辺の廃品回収業をしていた家屋や在日朝鮮人の家々を、天皇の目には見えなくするために使われていたのだと思う。

*

ホルモンの味を覚えたのは、私が中学生の頃である。親友は在日朝鮮人二世であった。彼のオモニは、私のことを自分の息子のように可愛がってくれた。風邪をひいたりしていると、生レバーを食べさせてくれたりしたのを思い出す。

私がいたその教会で公演がなされた関西芸術座の女優　新屋英子さんによる一人芝居「身世《シンセ》打鈴《タリョン》」の台詞はこんな言葉で始まったと記憶する。「もう七十二になるけれども、十五の時に日本へ来たなり、朝鮮へは一ぺんも帰ったことないよ。……ああ帰りたい、ほんまに帰りたいよ。ほて、祖国に居る子ともらにも、自由に会いに行ってみたい」。劇とはいえ、チマ・チョゴリを着た新屋さんの姿とその日本語のたどたどしさは、親友のオモニの姿にそっくりだったのをいまも忘れられない。

大阪の生野区に比べると、在日朝鮮人の住む小さな区域であったが、そのど真ん中に教会があった。ところが、その教会には、ほとんど在日朝鮮人は来ていなかった。ほとんどというのは、そういうことを意識しないで、別の所から通って来ていた人は一人いるにはいた。けれども、近所の人は誰も来ない。教会と道一本はさんだところに、民族学校もあったが、そこから教会には誰も来ない。

それではいけないということで、教会は何をすべきかを考えていた信徒と共に、何とかして教会に在日朝鮮人にもきてもらい、教会として在日朝鮮人問題に取り組んで行こうと言い出した。その結果、一人の信徒の計らいで行われたのが、先に述べた新屋さんの「身世打鈴《シンセタリヨン》」だった。しかし、それも長くは続かなかった。

二、三名の有力な信徒が言ったことを、いまも忘れることができない。「なぜ、そんなに朝鮮人のことばかり、一生懸命になられるんですか」。「教会の外のことよりも、もっと中のことを考えて下さい」。「社会問題よりも、心の問題を」。年配の信徒が当時三〇歳にもなっていなかった若輩の牧師であった私に、いわゆる「心の救い」を説けと涙を流して訴えた。これがその頃のその教会の現実であった。私が牧師を辞めたいと思ったのは、この時だった。もっとも、誤解のないように述べておきたいが、教会の中でそのような意見を述べている人と対話し、何とかして意識変革を求めようとした信徒もいた。私は、そのような人たちに支えられたのは言うまでもない。あれから、二〇年、その教会は既に変わっただろうか、そうあって欲しいと思う。

＊

聖書の中で、最後に神に選ばれた人々はこう言った。「主よ、いつわたしたちは、飢えておられるのを見て食べ物を差し上げ、のどが渇いておられるのを見て飲み物を差し上げたでしょうか（三七）」。「いつ、旅をしておられるのを見てお宿を貸し、裸でおられるのを見てお着せしたでしょうか。いつ、病気をなさったり、牢におられたりするのを見て、お訪ねしたでしょうか（三八～二九）」。キリスト者であると自称する者が、本当に神の目に叶う生き方をして行くことの難しさを聖書は警告していると思う。

デンマークの哲学者キェルケゴールは、キリスト教とは生き方であると語った。そして、道であるとも語った。キリスト者になるということ、それは目的ではなく、結果でしかないのだ。

先に述べたように、釜ヶ崎で働くMさんの口から、「聖書は私の心の支えです」という一言が語られたように、神の恵みは、むしろキリスト者にとっては思いがけない方へ流れ込む。そういうものなのかも知れない。そして、そこに信仰が芽生える。その事を見落とすことは、キリスト者自身にとってこそ、許されないと思う。イエスはパリサイの人々を警戒し、律法学者を批判した。その批判は、現代においては、常にキリスト者と名乗る者自身への問いとして受けとめられるべきなのだ。

三　ルカ福音書をよむ

ルカ一章四六－五六節「マリヤの賛歌」――ボランティア・ケースワーカー・入佐明美さん――

ルカ一・四六－五六には、マリア賛歌と呼ばれるイエスの誕生を祝う歌がある。また、ルカ福音書一・六七－八〇のザガリアの預言の方はバプテスマのヨハネの誕生について記したものである。バプテスマのヨハネの母エリサベトにはなかなか子供が与えられなかったが、ついに子が与えられるというのがザカリヤの預言である。ルカ福音書一・七六以下を見ると、「『幼子よ、お前はいと高き方の預言者と呼ばれる。主に先立って行き、その道を整え、主の民に罪の赦しによる救いを／知らせるからである。これは我らの神の憐れみの心による。この憐れみによって、／高い所からあけぼのの光が我らを訪れ、暗闇と死の陰に座している者たちを照らし、／我らの歩みを平和の道に導く。』幼子は身も心も健やかに育ち、イスラエルの人々の前に現れるまで荒れ野にいた。（七六〜八〇）」と記されている。

生まれてくる「幼子」とは、後にイエスに洗礼を施すことになるバプテスマのヨハネである。ルカ福音書一・一三では、「天使は言った。『恐れることはない。ザカリア、あなたの願いは聞き入れられた。あなたの妻エリサベトは男の子を産む。その子をヨハネと名付けなさい』」と記されている。ルカ一・一七では「彼はエリヤの霊と力で主に先立って行き、父の心を子に向けさせ、逆らう者に正しい人の分別を持たせて、準備のできた民を主のために用意する」とあり、救世主がやってくるまでにヨハネが「先立って行き」と記される。これはヨハネが神の国が到来するという宣言をもって、イエスより先に、ユダヤ教の改革運動を行ったことに言及したものである。実際は、ヨハネの運動があり、イエスはその弟子であったと思われるが、ルカ福音書は後代から歴史を解釈して、ヨハネによる伝道と神の国運動は、キリストとしてのイエスを迎えるためのものであったと考えているのである。

このようにルカによる福音書では、イエスの誕生とヨハネの誕生というのは、対になったものとして紹介される。そして、両者に共通点が存在する。たとえば、その名がイエスもヨハネも共に神から与えられている。ちなみに、イエスという名の意味は、神は救いであるというものであり、ヨハネという名は、神は恵み深くありたもうという意味である。そして、どちらも共に人間的には子どもが生まれるということを予期せぬ状況の中で、神から与えられたということが強調される。

マリア賛歌では、『わたしの魂は主をあがめ、／わたしの霊は救い主である神を喜びたたえます』と歌われる。幼子イエスが与えられるというお告げに対する戸惑いを克服したマリアは、いよいよ自分自身の身に起こることを神に対して受け入れたのである。マリアは、「身分の低い、この主のはしためにも／目を留めてくださったからです。今から後、いつの世の人も／わたしを幸いな者と言うでしょう（ルカ一・四八）」と述べる。

キリスト誕生というのは、当時のユダヤの状況を考えるならば、きわめて政治的意味を持ったものであった。ユダヤはローマ帝国に支配され、ユダヤ人たちは自分たちの思うように国を治めることができない状況の中にあった。そこへ、ダビデ王朝の末裔として救世主が生まれるのである。これは当時のローマ帝国によって任命されたユダヤのヘロデ王が、イエスの命を狙う最大の理由となった。やがて生まれるキリストであるとされたイエスは、次のようなことをすることが宣言される。「主はその腕で力を振るい、／思い上がる者を打ち散らし、権力ある者をその座から引き降ろし、／身分の低い者を高く上げ、飢えた人を良い物で満たし、／富める者を空腹のまま追い返されます（ルカ一・五一〜）」。

さらに、「その僕イスラエルを受け入れて、／憐れみをお忘れになりません、わたしたちの先祖におっしゃったとおり、／アブラハムとその子孫に対してとこしえに（ルカ一・五四）」と記され、ユダヤ人の救い主がやって来ることが強調される。ここでイスラエルの救いが強調されているが、ルカ福音書はイスラエル（神選びたもうという意味）という言葉の意味を、ひとりユダヤ民族のこととして理解しているのではなく、パウロ思想において強調されるような信仰におけるイスラエルという民族性を越えた考え方に立っている。さらに、ルカ福音書はマリア賛歌によって、キリストが政治的な意味でも救済者として地上に来たということを強調するのである。

＊

大阪の釜ケ崎は日雇労働者の街である。その街の名は地図にはなく、行政はそこを愛隣地区などと呼んでいる。たとえば、『じゃりン子チエ』という漫画があるが、その舞台は釜ヶ崎界隈だと思われる。そこで、二〇年以上もボランティア・ケースワーカーとして、日雇労働者のために働いている入佐明美さんという女性がいる。彼女は看護学校を卒業してネパールで働きたいと願っていたが、釜ケ崎に来ることになったのだ。この経緯は入佐さん自身が書かれた本の中で詳しく紹介されている。

（参考文献、入佐明美著『地下足袋の詩……歩く生活相談室一八年……』東方出版、一九九七年、入佐明美著『いつもの街かどで……日雇い労働者に教えられて……』いのちのことば社、一九九〇年）

まだ、学校を出たばかり、二〇代前半の女性が、日雇労働者の健康を気遣って声をかけるボランティア・ケースワーカーとなったのである。最初は、「ねぇちゃん。あんたは何しにこんなとこへ来とるんや」と労働者から言われたそうだ。最初は、誰もまともに相手にしてくれなくて、「あんたの来るような所やない。さっさと帰れ」と言われる毎日が続いたそうだ。

ところが、だんだん口コミで、「どうも、あのねえちゃんは、わしらの身体のことを心配して、いろいろ世話をしてくれる人らしい」というような噂が少しずつ流れていく。そして、いろんな人との出会いも積み上げていった。今では、釜ケ崎に少し留まっている人なら、入佐さんを知らない日雇労働者はあまりいないだろうと思われるくらいである。

釜ケ崎の労働者は、毎日、仕事があれば働きに行ってお金を得るのだが、最近は極端に不況である。そして、仕事はあまりない。その上、雨が続けば建築関係の仕事などは入ってこないのである。いくら自己管理をしようとしても、それが難しいのは誰が考えても想像がつく。どうしても稼いだお金で計画立った生活をするのが困難な状況がそこにはある。そして、食べる物も、ほとんど外食ばかりで、身体をどんどん傷めていく。これではいけない。何とかして、釜ケ崎の日雇労働者であっても、アパートの一室を借りて自活していく、そういう生活のリズムを持ってもらうことはできないものか。最近の入佐さんは、そういうことに取り組んでいるのだ。病気になった労働者のケアもするし、入院にも力を貸すが、しかし、それだけでは根本的に問題が解決するものではないと言う。

たとえば、一度、結核になると入退院を繰り返す。結核を完治させようと思うと、それは薬のみで治しきれるものではないというのだ。その人の生活を変えない限り、完治はしないという。日雇仕事に疲れ、さらに、時にはお金も切れる。そして、青カン（路上で寝ること）をする。これでは、治った体もたちまち元に戻ってしまうのだ。だから、その人の生活を変えるためには、定住するアパートを持ってもらうことが必要だと言う。住む場所さえ定めると、住民票を置くこともできる。住む場所を得ることは、もちろん健康管理上も必要であるし、生活のリズムを得るためにも必要なことであるが、さらに、福祉制度の助けを得る道も開かれるのである。

しかし、いきなり、労働者に「あなた、アパートを借りなさい」と言っても、「そんな金はない」

と言われるだけである。まず必要なのは賃貸のための保証金である。これが無い。釜ヶ崎のアパートの保証金というのは、だいだい五万円から一〇万円くらいだそうである。もっとも、アパートと言っても、ワンルームマンションのようなものではなく、風呂もなければ、ただ炊事場のみがちょこんとある、せいぜい三畳から四畳半一間ぐらいで、トイレは外の廊下の向こうにあるという、いわゆる、昔の七〇年代の学生アパートのような感じだという。そういう所に入りたいと思うと、五万円から一〇万円くらいのお金が労働者に必要となる。これを入佐さんは貸し出しているという。貸すときには、当たり前のことであるが、その人が大丈夫な人かどうか、それは、長年の経験から判断するそうである。また、時には、お金を貸してもアパートを借りるには保証人が必要な場合もある。そのときには、入佐さんは保証人も引き受けているという。

そうまでしてでも、労働者の生活を変え、その人を助けるのである。そこまでしても、貸し倒れとか、貸した金が返ってこないこともあるのではないかと思われるが、そのようなことはほとんどないという。はじめの頃、二人ほどアパートからいなくなり、返済しなかったこともあったが、その後は全員返されている。たとえば一カ月に一万円ずつとか、できる範囲で返済してくれるという。みんな一所懸命に返す。余裕なんて無い人たちばかりだが、それでも、ぎりぎりの生活をしていても返済を怠った人はいないのである。

入佐さんによると、こんなこともあったという。最初に六万円貸した人が、六万円をちょうど返し切ったときに、何と言ったかというと、「もう、これでやっと肩の荷が降りたわ。お金を返し切るまではすまん気持ちでいっぱいだった」。そして、「ねえちゃん、わしはなあ、この世の中に誰一人として身寄りなんて、もうおらんのや。自分が生きてるか生きてないかなんて、誰も考えてくれる人なんてこの世にいないんや。ところがな、自分のことを心配してくれるような人が、もし、たった一人でもいたとしたら、人間、生きていけるもんなんや。ねえちゃん、ありがとう」。

この人が言う「たった一人」というのは、言わずとも入佐さんのことである。入佐さんは、そのような言葉を聞いて、逆に、自分が生かされているのだと言う。

ところで、入佐さんはキリスト者であるが、キリスト教には、社会問題と言えば、尻込みする人も多いのである。イエスが救世主キリストとして世に来ることを、マリアが「主はその腕で力を振るい、／思い上がる者を打ち散らし、権力ある者をその座から引き降ろし、／身分の低い者を高く上げ、飢えた人を良い物で満たし、／富める者を空腹のまま追い返されます。（ルカ一・五一）」と歌ったことを考えると、社会の変革に対して、教会が無関心であるのは本末転倒である。現実の人間を変えないような救済はあり得ないし、教会は生きる人間の状況の変革を、非力であっても求めるものでなければならないはずだ。

入佐さんの活動は、労働者を手厚くケアする尊い仕事であるが、その他にも釜ヶ崎で行われているさまざまな支援活動が存在する。ボランティアの人々や労働組合の闘争支援ということも、時には必要となる。信仰とは何であるか、また、実践とは何であるのか。教会はそれを問わねばならない。

ルカ一八章九－一四節　罪から解き放たれる——八木重吉——

ルカ一八章九節以降の部分は、ルカにしかないL資料である。内容はイエスによる譬え話である。

一〇節、「二人の人が祈るために神殿に上った。一人はファリサイ派の人で、もう一人は徴税人だった」。ファリサイ派とは当時の宗教家グループである。祭司としては下級祭司のグループであった。彼らは祭司職以外に職業を持ち、生計を営んでいた。見ようによっては、世俗社会の中にありながら、祭司であり続ける生き方をしていた人たちとも言える。

一一、一二節、「ファリサイ派の人は立って、心の中でこのように祈った。『神様、わたしはほかの人たちのように、奪い取る者、不正な者、姦通を犯す者でなく、また、この徴税人のような者でもないことを感謝します。わたしは週に二度断食し、全収入の十分の一を献げています』」。

ユダヤ人は朝昼晩の三度の祈りをし、断食も月曜日と木曜日に行った。ファリサイ派のこの人は、全てを自分は守っております。そして、十分の一の献げものも、民数記やレビ記に記されているように守っています。全てのことを守り通していますと言っている。この人が言いたかったのは、自分は全て守ってますから、私を憐れみ、救って下さいということであったのだろう。何もかも守っています。私は百点満点です。百点を取ったのですから、救って下さいというような感じである。

しかし、もう一人は違っていた。一三節、「ところが、徴税人は遠くに立って、目を天に上げようともせず、胸を打ちながら言った。『神様、罪人のわたしを憐れんでください』」。

徴税人と言われる人たちは、ユダヤ社会の中においては罪人と同様に扱われていた。そして、罪で汚れた者は神殿の中に入れないという規程があった。だから、この人が「遠くに立って」というのは、自分は神殿のまんなかまで行って祈ることができないという、そういう負い目の中にあったことを物語っている。彼は「目を天にあげようともせず」、神殿を見上げることさえ慎んだのである。そして、

「神様、罪人のわたしを憐れんでください」と祈るのである。これは先のファリサイ派の人に比べると、正反対の態度である。自分は全く取るに足るところがありませんと懺悔しているのである。

ところが、一四節、「言っておくが、義とされて家に帰ったのは、この人であって、あのファリサイ派の人ではない。だれでも高ぶる者は低くされ、へりくだる者は高められる」。

ファリサイ派と徴税人を比べたならば、ユダヤの社会においてはファリサイ派の方は祭司であり、ファリサイ派の人こそ救われるというのが当たり前の見方であっただろう。しかし、へりくだる者の方が救われるというのである。神は、本当に自分の罪を告白する者の方こそ顧みられるのだという。

もちろん、われわれも人間である限り、百点満点の人間にはなかなかなれない。なれない中において、実は、救いが、罪人の方にこそ流れ込んでいるということを、この譬えの中に見ることができる。

＊

ところで、八木重吉といえば、キリスト教詩人として知られている。八木は一九二五年（大正一四年）に、『秋の瞳』という詩集を出した。一九二八年の『貧しき信徒』も有名であるが、これは本人が亡くなって、四カ月後に出版されたものである。日本のキリスト教詩人といえば、必ず八木の名前があがってくる。現代では、八木重吉の詩が全部おさめられている全三巻の全集（『八木重吉全集』全三巻、筑摩書房、一九八二年。以下、全集と表記する）もある。その詩集におさめられている全詩に目を通してみたが、死ぬということを非常に美化している。何度も何度も、死ぬ、死ぬ、死ぬと書いている。そんな作品がたくさんある。たとえば、「風がなる」という作品では、「とうもろこしに風が鳴る／死ねよと　鳴る／死ねよとなる／死んでゆこうとおもう」と、こんな具合である。

この詩について、関茂という評論家が次のようなことを述べている。「これは通り一ぺんの宿命感や心細さ、安価なセンチメントが書かせる詩ではない。ここにうたはれている詩こそは、実に、輝かしい生命の躍動だ。……略……私はここに悠々としてその煙草をふかして秋に居る八木重吉の姿を思い浮かべるのである。」(『八木重吉・未発表遺稿と回想』一一九頁、編集＝田中清光・吉野とみ子、麥書房、一九七一年)

あるいは、八木重吉が、佐藤惣之助に、「どうもわたしは気が弱いので、ときどき死んでしまおうと思います。死んでもいいような気がするんです。」と、こういうことを口走っていたという。(関茂著『八木重吉』新教出版社、六六頁、一九六五年)。八木にとって、死とは何であったのか。一九二五年(大正一四年)に八木自身が発表した『ことば』という自選詩稿の中から、八木の言う「死」を問うてみよう。「少し死ねば／少しうつくしい／たくさん死ねば／せかいは／たくさんうつくしい」。一九二五年は治安維持法が施行された年である。世の中が次第にファシズムの方へ向かっていく兆候を見せた頃である。死を美化する八木重吉の詩は、すでに時代精神のトラウマを暗示していたのであろうか。

一九二五年(大正一四年)の『詩稿』に発表され、『貧しき信徒』にも掲載されている「柿の葉」という詩を見てみよう。「柿の葉はうれしい／死んでもいいといったような／みずからをなみする／そのすがたのよろしさ」。

八木をキリスト教詩人として祭り上げている人たちは、こういう作品について全然触れないという側面がある。健康な部分や信仰的な部分のみを取り沙汰しているのである。一九二五年(大正一四年）六月七日発表の詩稿『ことば』（八木重吉全集二巻）の中の「断章」という作品も同様である。「もえなければ／かがやかない／かがやかなければ／あたりはうつくしくはない／わたしが死ななければ／せかいはうつくしくはない」（全集第二巻、一〇四頁）。八木がひとりどうあれ、世界は世界でしかない。だが、自らの死によって世界が美しくなるという思想は、第二次大戦期の特攻思想とはまったく無縁なものであったのだろうか。こうなってくると、問題を感じる。

『ことば』からもう少し引用する。「死をおもひ／死をおもひて／こころはじめておどる」（全集第二巻、一〇八頁）、「いってしまいたい／いってしまいたい」（全集第二巻、一一一頁）、あるいは、「ないたとてだめだ／いきどほったとてだめだ／死よ　死よ／ほんとうにしづかなのは／死ばかりである。」（全集第二巻、一一四頁）

彼は、一七歳の時、メソジスト鎌倉教会のバイブルクラスに通いはじめ、二二、二三歳で洗礼を受けた。洗礼を受けたころに書いた詩というのが、今見てきたようなものである。こういうことを書きながら、八木は自らの信仰を育んでいたのである。ほかにも、こういう作品は、ありすぎて困るぐらいたくさんある。「やすらかな／死がまっている／いらいらとするな、／いらいらとしても／こころのそこはやすらかにあれ」（『八木重吉詩集』山雅房、一九四二年）。

次の詩は例外的である。「死のうかとおもふ／そのかんがへが／ひょういとのくと／ぢつに／もったいないこころが／そこのとこに　すわってた」（前掲書）。この詩では、彼の作品としては珍しく死を望む自分を、実にもったいないことと考えていたと自戒する一面が見られる。だが、ほとんどの作品が死を美化するばかりである。筆者が調べた中では、たったこれ一篇のみ、死というものを美化することに対する自省が存在する。あとは、死ぬということを正面から美化している作品のみである。しかし、考えてみると、実は、人間というのは、いちばん心の深いところで、いくら信仰だ何だといいながら、八木の場合も同じく、まるで振り子のように揺れながら、信仰と虚無の間を行き来しているのではないか、だから幾分優しく読むべきだということも、ふと思ったりもするのである。自分が死んで行くことを美化するような、それは時代の風潮もあっただろう。その状況にそのまま流されて書かれた作品だとしても、そこには人間としての八木の苦悩があったのかとも思う。

ところが、八木本人よりも周囲の評論家たちは、もっと責任が重いという気がする。たとえば、八木重吉が内村鑑三の再臨信仰の影響を受けたころに書いたものがある。「ああ風景よ　怒れる／すがたよ／なにを　そんなに待ちくたびれているのか／大地から生まれいずる者を待つのか／雲に乗ってくる人を／ぎょう望して止まないのか」。これが書かれたのは、大正一四年であり、いわゆる大正デモクラシーが浸透しつつあった時代であるが、このたった六行の詩を、評論家は内村鑑三の再臨信仰に結びつけ、キリストが来て世を裁くという話と重ねながら、八木が社会変革を求めてこの詩を書いたかのように論じたのである。

八木がそのような社会の改革に精力を傾けた事実はないにもかかわらず、社会的意識を持ちながら詩を書く社会派詩人として、評したのである。

重吉が実質的に詩作を開始したと考えられる時期は、大正一〇年である。五カ年にわたる欧州大戦は、すでに大正七年の末に終息し、戦後恐慌の不安な世情に、デモクラシー運動の波が広く深く浸透しつつあった。詩壇では……民衆詩派がその主導権を握るという事態がおこっている。……左翼系詩人たちもようやく戦列につこうとしていた。かかる激動期の中で、彼（八木）は詩作を開始したのだ。詩集と聖書を、読書の対象としてもっとも好んだという彼が、そんな詩壇の動向に無関心だったはずがない。従来、彼は詩壇からも時代からも超絶した詩人のように考えられがちなのだけれども、それは違う。……時代への関心の度合いも痛切であった。（鈴木亨編『八木重吉詩集』白鳳社、一九六九年、後書きにおける鈴木亨の発言）

このような詩も、まったく八木の作品群の中の例外的な一編に過ぎない。ほかは、死ぬ、死ぬ、死ぬとしか書かない。そして、決定的に八木が時代に流されていたと思わざるを得ない作品がある。一九二四年（大正一三年）の作品である。「いやにすました外国のをんな／三十づらをさげてくちをむっとむすんで／しりをふりたてて元街をかつぽしてゆく／へん、なんのおしろいだい／おまへらみたいな奴があるから／いつまでたつたつて地球はぐあいよくならないんだ」（『八木重吉詩集』山雅房）。この年、アメリカで排日法案が出された。それに対して、八木は腹を立てて書いたのかも知れない。ここには、冷静にアメリカとの関係を見ようとする姿勢は八木にはない。

こういう作品を抜きにして、非常に美しい信仰の詩人、八木重吉ということだけをどんどん強調して本を売りまくっている。中学校の教科書にも出てくる。しかし、これは八木の責任もあるが、むしろ、我々の時代の問題ではないかとも思う。現代においても、八木を読むというのならば、八木の全体像をとらえながら、時には、世の中の動きに流されて、「へん、なんのおしろいだい」なんて書いたりもしたし、また、自分が死ぬということを美化してしまわざるを得ないようなところがあったことを、見据えながら読まなければいけないだろう。

一九四二年に山雅房という出版社から五〇〇部限定で『八木重吉詩集』という本が出された。これは、第二次世界大戦の始まる頃であり、紙不足と言われた時代に、本などはなかなか出せなかっただろうし、言論統制の時代でもあった。しかし、それでも出版されたのである。幸いにも一冊手に入れたので、それを調べてみると、不思議なぐらいに八木の作品の中でも、死ぬ、死ぬ、死ぬということを強調したものばかりが収められているではないか。これはどう考えても、戦争に行き、死んで行く、そのことを美化した時代精神の煽動者として、八木作品が使われたとしか思えないのである。また、この詩集が存在しなければ、もっと八木は忘れられていたかも知れない。

そうすると、八木の個人的責任というよりも、後に八木の作品を紹介した者の責任を考えざるを得ないだろう。高村光太郎は次のように言う。「詩はここにあるのだ。どんな厖大な詩にしろ、新奇な詩にしろ、この一点をはづれたものはこけおどしにすぎない。……略……　頃日、一人の気位の非常に高い友人が来ていった。今の世上の詩と称するものは皆うす汚いといった。この友人は真に心の高い立派な人であるが若し八木重吉のような詩人をもうす汚いといふならばそれは、気位の高い人の病であるところの、自己以外を決して了解し得ぬ程高い成層圏にもう突入してしまったことを意味するであろう。」（山雅房版『八木重吉詩集』付録「八木重吉研究」昭和一七年七月二〇日発行。および「八木重吉文学アルバム」一一五頁、昭和五九年、筑摩書房。高村光太郎の「八木重吉研究」は山雅房版『八木重吉詩集』の付録として収められた小冊子である。）

近年ではどのように評されたかを紹介しておこう。佐古純一郎は次のように言う。「現代詩のむつかしい理論が八木重吉の詩をどのようにしりぞけましょうとも、多くの病める魂や、つかれた魂を、どんなに八木重吉の詩が今まで慰めてき、そしてこれからもはげましていくかを無視することはできますまい」。（佐古純一郎編『貧しき信徒』新教出版社、一九五八年）

草野心平は言う。「日本の基督に関する詩は八木重吉の詩をもって私は最高としたい」。（『八木重吉・未発表遺稿と回想』二六三頁、田中清光・吉野とみ子編、麥書房、一九七一年）

ほかにも高村光太郎も八木重吉を賛美する評論を書いている。彼らの責任は、あるいは八木自身よりも重いかもしれない。八木の作品に、彼らが言うほどの価値を、少なくとも認めるわけにはいかない。なぜなら、八木が死と信仰を本当に一つのところに重ねて書くことができたならば、彼の作品はもっと違うものとなり、もっと人間的な深みを持ったと思うからである。それはスタイルの違いではなく、文学の本質についての問題である。

聖書に話を戻すならば、人間は誰でも信仰で百点をとれるような人はそうざらにいるものではないだろう。罪と救いの間をまるで振り子のように揺れている。そんな存在ではないのか。振り子が罪の方へ揺れたときには、逆にまた、もう一方の方へ揺れて帰って行く、救いの方へも揺り動かされるのである。マルチン・ルターが、「人間は義人にして罪人である」と言ったが、罪ある者だからこそ、まさに、神はそのような人間の存在を振り子の揺り戻しのように、神の側へ引き寄せられるのかも知れない。

八木重吉のことで言うならば、彼はあまりにも美化されすぎた。しかし、人間というものは、実は、そういう信仰を歌う側面と共に、打ちひしがれて、絶望している側面という二つの面を持っているものであると思う。このような人間の現実を抜きにして、一見、高潔に見えるもののみを、信仰の世界が強調しすぎるとすれば、それは芸術や音楽、文学の中に存在する人間のいとなみから数段も稚拙なものになってしまうだろう。だが、イエスは、むしろ罪人とされていた人の方に目を向け、そのような人間の救済を説いたことを忘れてはならない。

（八木重吉に関しては更に、次のものを参照していただきたい。拙論「八木重吉に於ける死の美化について」http://homepage2.nifty.com/TakeshiHori/ 四国学院大学論集第九五号一九九七年一二月、および『平成八年版国文学年次論文集』朋友出版に同論文収録）

ルカ二四章一三–三五節　キリストを知るとき——イエスの面影——

イースターとクリスマスと言えば、キリスト教の最大の記念日である。一二月二五日というのは、もともとローマでは太陽神ミトラの誕生日であった。冬至であり、以後は日が長くなっていくことから、その日が太陽の神の誕生の日とされたのである。これが、後にローマ帝国がキリスト教を国教としたことで、イエス・キリストの誕生日に置き換えられたのである。また、聖書の中にイエスの誕生日を特定できるような特段の記述も見あたらない。

しかし、イエスの復活を祝うイースターの方は日程的にも明確である。イエスはユダヤ教の祭りである過越祭の時に十字架にかけられ、福音書によれば三日後に復活したとされているからである。

ルカ二四・一三―三五では、イエスが復活した後に起こったとされる話が記されている。エルサレムから六〇スタディオン離れたエマオというところへ向かう途上に、弟子が復活したイエスと出会う話である。一スタディオンは一八五メートルということであるから、計算すると約一一キロメートルほどである。エマオに向かってイエスも歩いていた。そして、二人の弟子もたまたま同じ方向に歩いていた。そこでイエスの方から、「何の話をしているのですか」と声をかけたのである。すると、弟子は、あなたは知らないんですか。エルサレムにいたんでしょう。イエスが、何の罪もないのに十字架に架けられて殺されたんです。そのニュースをあなたは知らないんですか、というように応えた。

蘇ったイエス本人に向かって、誰とも分からずに語ったのである。その場で、イエスは、それは自分のことだとは言わずに話を聞き続けた。すると、弟子たちは次のように言った。「仲間の婦人たちがわたしたちを驚かせました。婦人たちは朝早く墓へ行きましたが、遺体を見つけずに戻って来ました。そして、天使たちが現れ、『イエスは生きておられる』と告げたと言うのです」。

弟子たちは、蘇ったイエスを目の前にしていながら、それがイエスであると分からずにいたのである。互いに話をしながら歩いていても、そこにイエスがいることに気付かなかった。

＊

私が大阪の教会で牧師をしていた頃のことである。忘れた頃になると、訪ねて来る四十代後半の男性がいた。その人が最初に来たのは礼拝であったが、以後は、礼拝よりも夕方などに突然やって来ることが多くなった。その人が、ある日、いきなり、「あなたは本当に神様を信じているんですか」と私に言った。教会へ行って、牧師に面と向かって、「あなたは神を信じているか」と問うような人は滅多にいないだろうと思う。また、そんなことを聞かれる牧師も珍しいかも知れない。その人の尋ね方はすごい剣幕でもあった。おまえはそんなことをやっているが本当なのかという具合である。ともかく迫力があった。

それで、私は「信じているというふうに言うことができる」と言った。すると、「言うことができるとはどういう意味だ」と聞かれたので、私は「信じているということ自体が、私が自分自身の力で、神と関わっているのではなく、神の方から関わって下さるから、私は信じることができるんだろう。だから、私は信じていると言うことができる。しかし、本人は、はなはだ頼りない人間である」という意味のことを言った。「私は信じています」と胸をはって言わなかったのである。

三時間くらい話し合い（激論）が続き、もう、くたくたになるほどやりあったが、その人はお茶を出しても飲まない。「そういうものは要りません」と言う。いっさい受けないのだ。そして、最後には、話が意気投合した方へ落ち着いたのだが、そこで、こちらはやっと一安心とばかりに「それでは、祈りましょう」と言うと、「私はこの場所で祈る資格のある者ではありません。外で祈ります」と言って、礼拝堂前の道ばたに出て行き、直立して、大声で祈っているのである。一体、この人は何者なんだろう。

その人は、大きな鞄を一つ、肩に担いで帰って行こうとしたので、「そんな大きな荷物を担いで、今から、どこへ行かれるんですか」と私は聞いてみた。やっと、尋ねる番が回ってきた。すると彼は、「私には行き先など決まっていません。」と言う。ホームレスなのだ。ところが、私は、どうしたことか、その人自身がそう言うまで、ホームレスとは全然気がつかなかった。その人はものすごく矍鑠《かくしやく》としていたし、多くのホームレスに見られる気の毒なまでの弱り切ったような姿はどこにも見えない。大きな鞄を肩に担いで、すたすたと大股で歩いて行った。いったいこの人は何者だろう。そんな疑問が残った。もちろん、神学的な知識までもその人が持っているとは思えなかったが、聖書についてはきわめて詳しい人で、不思議な人物であった。

ところが、彼は、またやって来た。そして、身の上話をしてくれた。かつて、廃品回収をしていて、回収した物の中に聖書があった。そして、聖書を一生懸命読み始めた。分からないままに、自分で読んでいったというのだ。すると、いつしか、神によって自分は救われたという気持ちに至ったと言うのである。

彼は、実は色々な教会を回っていると言う。しかし、教会に行けば、「お前のような者がくる場所ではない」というようなことを言われたという。たとえば、行った先で、子どもたちがたくさんいて、その子どもたちがどういう感じで接してくるかで、その教会がどんなところか分かるのだと言う。たとえば、「おじちゃん」と言って、子どもたちが寄ってくるような教会は、本当に恵まれた教会だ。ところが、何か変だな、というような感じで、子どもが近づいて来ないような教会もある。そんなところは決まって、大人たちも自分を受け容れない。そんなのは愛がない教会だとか何とか言う。

そして彼は、「しかし、先生の教会には問題がある」と言った。

「何が問題なんだ！」と言うと、「大体いかん。あなたは、建物の三階に住んでいるではないか。（一階が礼拝堂であったから）神様の上に住んでいるではないか。これは絶対にいかん。こんなことをしているようでは」と、説教をする。私は、「大阪市内の土地の高いところに建てているんだから、いくら教会と言えども、上に積む以外にないんですよ」と説明したのだが、「それはいかん」と言う。それから、彼は話を変えて、「世の中、特に、一番いかんものがある。その辺の結婚式場だ。勝手に礼拝堂を造っている。私はそういう場所を見つけると、行って、直談判をやってまわっているんだ。」と言い出した。それから、パチンコ屋のネオンに王冠がある。王冠の上に十字架がある。それでパチンコ屋へ行って、「おい、君。あれは何のシンボルか知っているのか。」パチンコ屋の店員にこう言ったそうである。すると、「はあ？」と首を傾げる店員に向って、「あれは、キリスト様の十字架じゃぁないか」と怒鳴りつけたそうだ。

こんな話ばかりするこの人は、「いったい、どうしたんだろう」と思えるところも、正直なところ、少しあった。だが、聖書を一生懸命に読んでいる人であることはわかった。おそらく、あの人と言い合いをしたら、ちょっとやそっとのことでは誰もかなわないだろうと思うくらい読んでいた。だが、持っていた聖書を見せてもらうと、それはエホバの証人の聖書であった。以前にもそのような聖書の本文を調べてみたことがあったので、その翻訳は必要以上に霊的なものを強調していたり、とても正確な翻訳とは言えないものであることを私は知っていた。そこで、「こちらを読んでみたら」と日本聖書協会のものを一冊進呈したのであった。

ある日、「しばらくお見えになりませんでしたね」とその人に声をかけると、驚いたことに、「九州まで行っていました」と言ったこともあった。「一体、どうやって、九州まで行くんですか」と聞くと、彼が言うには、「食べる物も、着る物も、すべて私は与えられている」と言う。

私の教会に来て、お茶を飲んだりするようになったのは、三回か四回目にして、やっと彼が本当にうち解けた頃であった。「私は、こういう物をいただくためにきているんじゃぁない。神の言葉を伝えるためにきているんです」。最初はこんなことを言われて断られたものである。しかし、「まあ、この教会ならいいや」と言ってくれて、二人してお茶を飲んで、色々と話し合うようにもなっていったのであった。但し、彼はそれ以上のものは、いくら勧めても受けてはくれなかった。

「私は、いっさい、何もいらない。」こうも言っていた。その徹底ぶりに、私は感心もしたし、二人で聖書のことを語るのが、楽しくもあった。ある日、「先生、結婚式場で司式なんかしたら絶対だめですよ」と言う。「あれは神様を冒瀆している。全然分かっていないのにあんなことをするのはいかん」。私もあんまり好きではないので、次のように応えた。「確かに。でも、キリスト教会というのは貧しく、苦しいから、牧師はそういうことをしないと、どうしようもない場合だってある。そのことによって教会に来るようになる人も出てくることもあるんですよ」。こんなふうに応えたのを覚えている。

＊

その人を思い出しながら、こんなことを考えてみた。もし、私たちの目の前にイエスが現われたなら、「この方がイエスです」と言われてみても、後ろに光りでも差していて、「は、はあ」と、ひれ伏すようなものだろうか、と。イエスを目の前に見て、「あなたの言っていることはおかしい」と反発したり、受け容れることができなかった人たちがイエスの時代にはたくさんいたのだ。ひょっとして、もちろん荒唐無稽な想像であるが、この不思議な人物が語っていた言葉というのは、何だったのだろう。正直なところ、これを百パーセント受け入れることはできなかったが、私には「なるほど」と思えるものが多々あったのである。

「お前は牧師なんかしているけれども、本当に神様を信じとるのか」と、こんなことを最初に言われもしたが、そんな言葉をかけてくれるのも、肉親を除けば、この世でその人のほかには、神様以外には存在しないだろう。誰の口から出た言葉であろうと、正しいものは正しいし、正しくないものは正しくないのだ。そこに隠されているものを読みとるのは、受け手の側の問題でしかない。あるいは、日常の中で、何気ない人との会話の中でも、相手が何げなく語った言葉が、何か大きなヒントに聞こえるというようなこともあるだろう。そのように、さまざまな形を通して、神は人間に語られていると思う。

彼の生活は、いわゆる、仏教で言うところの托鉢《たくはつ》を思い出させた。それは、午前中だけ食べ物をもらって回る。食べ物以外、お金などは絶対に受け取らない。その日一日、午前中だけ托鉢し、午後は修行をする。午前中もらえなかったならば、その日は空腹のまま過ごす。そのような托鉢の行者を思い浮かべた。それでも彼は生きながらえて行く。それは不思議といえば、不思議であった。

彼はもともとは、足が不自由だったと言っていた。それが、神を信じてから、元気になり、治ったというのだ。「自分の存在こそ、奇跡だ。そうだと思いませんか。私は橋の下で寝たり、いろんなところで寝ている。そんな生活をしている男ですよ。けれども、こんなふうに、身体はどこも悪くない」。たしかに、不思議としか言いようがない話であった。日本国中を無一物で歩き回る。そんなことが可能だったのだから。

ひょっとして、イエスがわれわれの目の前に来られたら、本当にイエスの語る言葉を聞き、それに従えるだろうか。いきなりイエスがこの世の牧師全員を集めて、「お前は神を信じているか」と言われたらどうだろう。イエスとも知らずに、「無礼者め」と言い返す牧師も半分くらいはいるだろう。冗談じみた言い方になってしまったが、私はドストエフスキーの「カラマーゾフの兄弟」の中の「大審問官」の物語を思い出すのである。

聖書では、蘇ったイエスと出会った弟子たちは、それがイエスとも分からずに宿を共にした。ルカ二四・二九「『一緒にお泊まりください。そろそろ夕方になりますし、もう日も傾いていますから』と言って、無理に引き止めたので、イエスは共に泊まるため家に入られた。一緒に食事の席に着いたとき、イエスはパンを取り、賛美の祈りを唱え、パンを裂いてお渡しになった」。イエスが、十字架にかけられる前に、弟子たちを集めてパンと葡萄酒を与え、食事を共にした。同じことを、イエスがする姿を見た時に、弟子たちはやっと気がついたのだ。それが蘇ったイエスだということを。

イエスと共に食べる、すなわち、共に生きる。その時にこそ、そこにイエスがいることに弟子が気がついた。それは象徴的な話である。

四　ヨハネ福音書を読む

ヨハネ五章一‐九節　治りたいのか――カウンセリングと信仰――

羊の門と呼ばれるところに五つの回廊があったという。そこには、病気の人、目の見えない人、足の不自由な人、体の麻痺した人たちが横たわっていた。中には、三八年間も病気で苦しんでいる人もいた（ヨハネ五・五）。

原書の底本には、三節後半と四節が欠けていて、新共同訳聖書ではヨハネ福音書の末尾にそれが記されている。「彼らは、水が動くのを待っていた。それは、主の使いがときどき池に降りて来て、水が動くことがあり、水が動いたとき、真っ先に水に入る者は、どんな病気にかかっていても、いやされたからである」。時々水が吹き出す間欠泉があり、療養のために人々が集まってきていたのだ。そして、水が動く時、一番先に入った者は癒されると信じられていた。

六節では、イエスは三八年間も闘病生活をしている人に、「良くなりたいか」と言った。長い間、病気であるのを知っているのに、かける言葉が「良くなりたいか」というのでは、見舞う言葉としては最低かも知れない。どう考えても、患者を励ます言葉ではない。イエスは憐れんで、癒すということもしない。

その病人は次のように言う。七節、『主よ、水が動くとき、わたしを池の中に入れてくれる人がいないのです。わたしが行くうちに、ほかの人が先に降りて行くのです』。不幸にも誰も手を貸してもくれず、水が動いた時、そこに飛び込むことができずにいるという。そして、彼はいつも誰かに先を越される。だから、いつまでたっても治らないでいたというのである。もし誰か、手を貸してやれば、この人は三八年間の苦悩から解放されるのだ。けれど、他の人たちが来て、いつも先に水に飛び込んでしまう。自分を水の所まで運んでくれる人がいない。だから、どうしても水の中へ入ることができない。だから、「私は、こんなに長い間、病気のままだ」というのだ。

長い間、病気をしていると、あれもしたい、これもしたいと、人生でかなえられなかったことを思いながら悶々としていたことだろう。当然、良くなりたい、治りたいと思っていただろう。だが、それにも関わらず、イエスはその人に向かって、「良くなりたいか」と言った。「良くなりたいか」という言葉は、この人にとっては、「そんなこと聞かないでくださいよ」、「当たり前じゃないですか」と言いたくなるような、むごい言葉であったかも知れない。

＊

心理学者のアドラーは、「今悩んでいる症状がもしなかったら、何をしたと思いますか」と、未来に関することをよく尋ねたという。（参照、河合隼雄著「ユング心理学入門」三三頁、培風館、一九六七年）。今、もし、そういう病（神経症）がなければ、あなたは何をしたいですかと聞いて、将来についての質問をしていく。患者は、「もし私がこんな病気でなかったら、こういうことをしたい」。「これだけはやりたかった」という返事を返してくる。

しかし、アドラーは、患者がやりたいということは、その患者が本当はやりたくないと思っていることなのだと言う。たとえば、高校三年生くらいの子がノイローゼになったとき、「あなたが、もし今、病気をしていなければ何をしたかったか」と問うたとして、自分は頑張って、大学に入るために勉強しているところでしたと答えるかも知れない。すると、それは本当はやりたくなかったことなのかも知れないと推測できるというのである。

表面的には「何々になりたかった」とか「何をしたかった」という答が出てくるかも知れないが、色々と付随する人間関係なども含めて分析すると、その人がやるべきはずのことから逃げるために、病気に逃げ込んでいるのではないかということが見えてくる場合があるのだ。アドラーは、本人が自分で神経症というものをつくりあげ、その中に自分で逃げ込むことによって、生きていかねばならない現実から逃避しているという。そして、うまく神経症を自分で作り上げてはいないかということに着目して、そのような推測のもとにカウンセリングを行うのである。

ところで、「病気は治されなければならないものだ」ということ、これは誰でも知っている。しかし、治ることから逃げる。ひょっとすれば、これをわれわれも知らずと大なり小なりやっているのかもしれない。それをやらなければならないと分かっているのだけれども、そこから身を引く。そういうことは、誰にでもあるかもしれない。ひょっとすれば、病気の原因というのは、社会とか、家庭とか、そういうこともあるだろうけれども、一番大きい原因は自分自身である場合もあるかも知れない。

私の知人は、大学を出てから二、三年間、何の仕事にも就かず、思い悩む生活をしていた。そして、とうとう自殺した。私が、まだ二〇代の頃であった。ほとんど話をしたことがなかったが、彼のことを詳しく冊子にまとめたものが友人らの手で作られたので、それを後に読んだ。

彼は、なぜ自殺したのか。それはよく分からない。大学を出てから、「自分は小説家になるんだ」と言って、文学の話ばっかりやっていたという。一生懸命、小説ばかり読んでいたようだ。大学を出てからも、一人で下宿をしていた。そして、「自分は小説家になる」と、そればかりを言い続けたのである。

ところが、結局、不幸にも自殺してしまった。後に彼の作品が残されていたのかというと、実はそうではなかった。彼が書いたものは、その数年間で原稿用紙にすれば十枚もなかった。それは一体どうしたことか。自分では、「小説家になる」と言い続けたはずの人が、生前に書き残したものと言えば、十枚にもならず、それは友人らが彼のために綴った追悼文集にも収められるようなものではなかった。

今にして思えば、「小説家になる」と彼は言っていたけれど、実は、別になりたくもなかったのだろうと思う。おそらく何かをすることから逃げるために、彼自身も知らずとそのように言い続けていたのではないだろうか。そして、行き詰まり、自分でも、自分をどうすることもできず、とうとう、自殺してしまったのではないかと思うのである。本人は自分が何をすべきかということを、どこかで知っていたのかも知れない。しかし、それを正面から見据える、そのことを自覚するきっかけのようなものを得ることができず、本当に残念なことになったのだと思う。

＊

イエスの話に戻れば、「良くなりたいか」という言葉が向けられたのは、三八年間も病気だった人であった。水が動く時には、自分が真っ先にそこへ入って治りたいのだが、そこへ運んでくれる人がいないと言う。だが、この人も、結局、良くなりたいと本当は思っていなかったのではないか。だからこそ、イエスは正面から「良くなりたいか」と問うたのではないだろうか。

イエスは、この人が何かから逃げているということを見抜いたのだ。だから、「治りたいか」と言ったのである。このような状態にある人にかけられたイエスの言葉は、その人が本当はやりたくないことそのものに向けられた。イエスは言った。『起き上がりなさい。床を担いで歩きなさい』（ヨハネ五・八）。

この人はもっとも聞きたくない言葉を聞いたのである。だが、もう彼に躊躇する余裕はなかった。あまりにも間髪入れず、その言葉は彼に突きつけられたのである。だから、彼にはただ一つの道しかあり得なかった。それは立ち上がることだった。「すると、その人はすぐに良くなって、床を担いで歩きだした」（ヨハネ五・八）。イエスは手を差し伸べたりもしない。あるいは、肩に手を置くこともしない。「床を担いで歩きなさい」、その言葉は「治りなさい」ということであり、彼自身がそれを実現することができることを、彼は自ら立つことによって自己確認し、自らを解放したのである。

水が動く時に、一番に間欠泉の中へ入ることなど、必要ではなかった。もちろん、彼をそこへ運んだり、導いたりする者も必要ではなかった。自分で立てるのだ。そして、自分で治るという選択をすることができるのだ。それは、彼にとって、何よりも三八年間も彼を支配してきた彼自身との決別であった。

自分で治ろうとしてこなかった人生に気づかせること、そして、それを気づかせた瞬間には、何ら手を差し伸べることもなく、自らで自らを解放させる。これによって、今後、彼は自分を助ける者は自分自身であること、そして、そのような自己として、神が彼をそこに置かれているということに気づく。その気づきが、彼を立たせたのだ。

立ち上がるのに手を添えてやったとすれば、また、次に彼が立ち上がる時には手を添えてやらねばならないかも知れない。あるいは、立ち続けるために誰かが手を添えてやらねばならないだろう。イエスは手を出すことはなかった。それは彼自身が歩くためであり、彼自身が生きるためである。

カウンセリングの実際上の原則として、カウンセラーはクライエントに手をかすことはしないということがある。また、相談を受けたいという人が自分の意志でカウンセラーに会いに来ること、これも大切な点であろう。カウンセラーの方から駆けつけて行って、どうこうするというのでは、クライエントはカウンセラーに依存することによってしか、問題を解決できないだろう。自分で自分を直すことはできないだろう。時には、突き放すかのようで、それは一見、不親切と思われるかも知れない。しかし、そこには、その人をその人自身によって変革させるという、もっとも重要な点か意識されていると思われる。

ヨハネ八章一二－三〇節　私はある――神の名――

私の子どもがやっとしゃべれるくらいに成長した頃、こんなことを聞いたことがある。「ママのお腹の中にいたときを覚えているかい」。すると、意外にも子どもは「覚えている」と言った。その時のことを覚え書きのつもりで詩にしたものを紹介させていただく。

どこから来て、どこへ

わが子三歳の春
唐突にも尋ねてみた
「ママのお腹の中にいた頃を覚えているかい」
「うん、覚えているよ」

意外な返事に
なお次を尋ねる
「そこはどんなところだったの」
「ママのお腹はだんだん小さくなるんだ
僕はお魚の恐竜だったんだ
もっと僕は遊んでいたかったけれど
ママが出ておいでと言ったんだ」
そんな答えに驚きながら
色々訊いてみる
挙げ句の果てに
「それで、君は
ママのお腹の中に来る前はどこにいたのかなあ……」
しばらく考えて
「ううん、分からないよ
ママはママだから
パパはパパだから
だから、僕はホリシンゴなんだよ」
分かったようで

分からないその言葉だが
僕だって何も知らないのだ
どこから来て、どこへ行くのか
何も知らない
それはイエスの言葉でもあったのだが

生まれて間もない頃は、胎児のときの記憶がまだ残っているということを何かで読んだことがある。だが、まれにその記憶を、ある程度成長するまで保持する子どももいるらしい。どうやら、わが子はその一人だったのかも知れない。吉川英治『忘れ残りの記』を読むと、自分が生まれて来る前に、せめて母親のへその穴から、この家は一体どんなところか覗くことができたら、この家に生まれるべきか考えることができたのに、という意味のことが書かれていたのを思い出す。この世の誰一人として、そんなことはできないのだ。人間がどこから来て、どこへ行く存在なのか、それはいくら科学が進歩しても、永遠の謎であるかも知れない。

ヨハネ福音書一九章九節では、イエスが捕らえられた時のことが記されている。「再び総督官邸の中に入って、『お前はどこから来たのか』とイエスに言った。しかし、イエスは答えようとされなかった」。実はイエスに対する「どこから来たのか」という問いは、ヨハネ福音書の中に何度か出てくる問いでもある。人間は自分がどこから来た者かを知らないが、イエスは自身がどこから来たのかを知る存在であるということが強調されるのである。

ヨハネ八・二三-二四では、イエスは弟子たちに次のように語る。「あなたたちは下のものに属しているが、わたしは上のものに属している。あなたたちはこの世に属しているが、わたしはこの世に属していない。だから、あなたたちは自分の罪のうちに死ぬことになると、わたしは言ったのである。『わたしはある』ということを信じないならば、あなたたちは自分の罪のうちに死ぬことになる」。

『わたしはある』という言葉は、二八節でも使われている。「あなたたちは、人の子を上げたときに初めて、『わたしはある』ということ、また、わたしが、自分勝手には何もせず、ただ、父に教えられたとおりに話していることが分かるだろう」。ここでも、また、カッコ付で『わたしはある』という不可思議な言葉が記される。『わたしはある』というのは、ギリシャ語で、「エゴー エイミ」という言葉であるが、「エゴー」というのは、「私は」という意味である。たとえば、「エゴイズム」という言葉はその派生語である。『わたしはある』という言葉は、新共同訳聖書では、特にカッコが付けられているが、口語訳聖書ではカッコが付けられていなかった。何でもないかのように、そのまま通り過ぎてしまうような訳になっていた。「イエスは彼らに言われた、『あなたがたは下から出た者だが、わたしは上からきた者である。あなたがたはこの世の者であるが、わたしはこの世の者ではない。だからわたしは、あなたがたは自分の罪のうちに死ぬであろうと、言ったのである。もしわたしがそういう者であることをあなたがたが信じなければ、罪のうちに死ぬことになるからである』。」(日本聖書協会 口語訳聖書 ヨハネ福音書八・二三-二四)

英語訳などでは、特にそれと分かるように、大文字にするなど強調した訳し方をしている。

Joh8:24 "Therefore I said to you that you will die in your sins; for if you do not believe that **I am**

He, you will die in your sins." (New King James Version Bible)

『わたしはある』という言葉が不可思議な点は、述語をともなっていない点である。述語は主語を説明するものとして、通常は必要なはずである。述語とはギリシャ語「カテゴリア」つまり、範疇を表わす言葉である。「私は何々である」という述語の部分というのは、「私」という者がどういう者であるか、たとえば、「学生」であったり、「社会人」であったり、「男性」であったり、「女性」であったりという、どんな姿、形をしているかとか、何者であるかを表わすものである。ところが、この聖書の言葉のように、「私はある」とだけ言われても、「私」が何であるのかを何ら特定することはできない。『わたしはある』、これは何を示すものなのだろうか。

ヨハネ八・五八では、「はっきり言っておく。アブラハムが生まれる前から、『わたしはある』。」とも書かれている。アブラハムというのはユダヤ民族の族長であり、創世記に記されている人物である。イエスから考えてもはるか昔の人物である。そのアブラハムよりも前から、『わたしはある』とイエスは自らについて説明するのである。ヨハネ福音書では、ほかにも『わたしはある』という言葉が出てくる。

ヨハネ一三・一九「事が起こる前に、今、言っておく。事が起こったとき、『わたしはある』ということを、あなたがたが信じるようになるためである。」事が起こるというのは、イエスが捕らえられて十字架にかけられることに言及したものである。

ヨハネ一八・八「すると、イエスは言われた。『わたしである』と言ったではないか。わたしを捜しているのなら、この人々は去らせなさい。」

ところで、旧約聖書では、神が自らの名をモーセを通じて明らかにする場面がある。そこには次のように記されている。出エジプト記三・一四‐一五「わたしはある。わたしはあるという者だ」と言われ、また、「イスラエルの人々にこう言うがよい。『わたしはある』という方がわたしをあなたたちに遣わされたのだと。神は、更に続けてモーセに命じられた。「イスラエルの人々にこう言うがよい。あなたたちの先祖の神、アブラハムの神、イサクの神、ヤコブの神である主（YHWH）がわたしをあなたたちのもとに遣わされた。／これこそ、とこしえにわたしの名／これこそ、世々にわたしの呼び名」。

「主」と訳されている言葉はヘブル語アルファベットの四文字から成る。これはローマ字表記ではYHWHとなる。それは神聖な名であり、発音すべからざる神の名とされていた。それは「ヤハウエ」あるいは「ヤーウェ」と読まれているが、あくまでも便宜上の発音にすぎない。そして、その名の意味は「わたしはある。わたしはあるという者だ」と説明されている。

ユダヤ人は「あなたの神、主の名をみだりに唱えてはならない。みだりにその名を唱える者を主は罰せずにはおかれない。（出エジプト記二〇・七）」という律法規定を厳格に守った。そのため、神聖四文字YHWHは、「主人」や「主」を意味する「アドーナーイ」という言葉に読み替えざるを得なかった。また、ヘブル語では母音は記号としてアルファベットに付加されるが、神聖四文字にはそれが無いので、発音はやがて忘れられてしまった。

そして、神聖四文字の四子音文字に「アドーナーイ（主）」の母音符号を付け加えると、「エホウァ」とも読めることとなり、英欽定訳聖書（一六一一年）では神聖四文字をJehovah（エホバ）としていた。しかし、現代ではヤハウエが正しい読み方であると考えられている。

＊

では、ここでヨハネ福音書にもどるならば、イエスは自らを『わたしはある』と名乗っている。これはヨハネ福音書独自の記事でもある。ここで言われていることは、イエスこそ『わたしはある』という意味の名（YHWH＝ヤハウエ）を持つ神であるということである。このように言うことで、ヨハネ福音書は、イエスが神であり、ヤハウエであることを説明しようとするのである。

『わたしはある』は、「……である」という述語をともなっていないので、通常ならば、主語「わたし」について何ら説明したことにはならない。「わたしはわたしです」と言ってみても、自分が誰であるかを何も説明することはできない。例えば、「あなたは誰ですか」と問われたとき、「私は〇〇です」、「私は日本人です」と、「私」の説明を述語になる部分に付け加える。

だが、もし、自分が誰であるのかを自らに問い、そして、自分はどこから来て、どこへ行く存在なのかを自分に問うとすれば、われわれは何一つとして本質的な答えを自らに対して答えることができないのではないだろうか。自分が何者であるかというカテゴリ（述語）はいくらでも羅列することができたとしても、それでも、われわれはどこから来て、どこへ行くのかを知らない存在なのである。

カテゴリは、人間としての姿、形であったり、社会の中で何をしているかの説明であったりするが、そのようなものは、必ず、いつか終わっていくものである。人生そのものも、やがてすぎ去るものに過ぎない。すべて消え去っていくものである。そのように考える時、カテゴリをともなわない「わたしはある」という言葉が生み出された思想的背景が見えてくる。すなわち、神は消え去っていくもの、形あるものでしかないカテゴリによって表わすことのできない存在者なのである。それゆえ「私はある」と説明されるのである。ちなみに、日本聖書協会の口語訳聖書では、「わたしは、有って有る者（出エジプト記三・一四）」と訳されているが、こちらの方が説明的ではあるが、その意味はもう少し明瞭である。これは、神自らが自らの存在を存在せしめているということを表わしていると思う。

＊

古代からさまざまな神話などによって、神の姿は、太陽、月などの天体等によって表現されて来た。だが、ユダヤ教は宇宙の中に存在するものをすべて神の被造物としてとらえ、それらを神と考えなかった。それゆえ、神は「形」としては表わすことができない存在であった。このような思想は、古代イスラエル宗教の歴史を通じて形成されていったものと思われる。

では、神には形もなければ、大きさもない、あるいは、影もない。それでは、人間はどうやって神を知ることができるのかという問いが当然起こってくる。それについて、ヨハネ福音書は冒頭で、「いまだかつて、神を見た者はいない。父のふところにいる独り子である神、この方が神を示されたのである（ヨハネ福音書一・一八）」と言う。（ほかにヨハネ文書とされるⅠヨハネ四・一二、Ⅲヨハネ一・一一にも同一の言葉がある。）すなわち、見ることのできない神が、見える形となって地上に来て、人となった、それがイエス・キリストであるというのが、ヨハネ福音書の考え方なのである。

ヨハネ九章一―一二節「共に目を洗う時」――インドのカースト制度――

ヨハネ福音書九章一節には、「さて、イエスは通りすがりに、生まれつき目の見えない人を見かけられた。弟子たちがイエスに尋ねた。『ラビ、この人が生まれつき目が見えないのは、だれが罪を犯したからですか。本人ですか。それとも、両親ですか』」。誰かが罪を犯したか、あるいは本人が罪を犯した結果、目が見えなくなったのかという問いがイエスに向けられている。生まれつき目が見えないのであるから、これが本人の罪によるのだとすれば、その人の前世の結果であるということになる。仏教的な言い方では、前世の因縁とか業（カルマ）というような言葉で説明されるのだろう。ヨハネ福音書は、ギリシャ文化圏の中で書かれた福音書であり、そこでは輪廻転生の思想が存在した。それゆえ、ヨハネ福音書を生み出した文化圏のキリスト教は、このような輪廻思想とも対話せねばならなかったのであろう。三節で、イエスは、「本人が罪を犯したからでも、両親が罪を犯したからでもなく、神の業がこの人に現れるためである」と答えている。

＊

一九九四年七月に、インドのダリット解放運動の指導者ダリット・ダニエル・ニャナセガラン牧師が来日した時のことである。（注、現在、同牧師はグルンクル神学大学教授である。）この時の彼の講演「カースト差別との闘い」、及び礼拝説教「枯れた骨」を私のホームページに、日本キリスト教団部落解放センターの許可を得て掲載させて頂いている。より詳しいインドの状況を知っていただくた

めにも参照していただきたい。http://homepage2.nifty.com/TakeshiHori/)

私はニャナセガラン牧師を大阪の四天王寺へ案内した。四天王寺には有名な「初転法輪」というブッダが最初に教えを説き始めた場面を描いた絵がある。その絵を見て、彼は詳しく説明してくれた。観光で案内したはずの私が、逆に案内されてしまった次第であった。さすがにインド人である。牧師とはいえ、非常に詳しい。ブッダを囲んでいる人たちが描かれているのだが、その中に肩からたすきのようなものを掛けている人が描かれている。その服装の人物は、インドのカースト制度の中で、一番上の階級の僧侶階級の人たちであるという。

絵の端の方には、木の影で暗くなったところに、隠れるようにブッダを見ている暗い表情の人の顔がぼんやりと描かれている。それは、インドで最も差別されている階級の人たちであるとの説明を受けた。その絵がいつごろ描かれたものやら、詳しいことは分からなかったが、インドに存在するカースト制度、階級性というものがその絵にも描かれているのである。

釈尊の思想にも、そのような階級制というものを打ち破る側面が存在した。不可触民とされて、もっとも低い階級に置かれて差別された人々は、バラモン教の教義では、前世の因縁により、そのような階級(カースト)に生まれる宿命にあったとされる。しかも、釈尊はそのような階級の人々も、悟りを開いて、再び輪廻転生を繰り返さないブッダ(真理に目覚めた者の意味)となって、輪廻の苦しみから解放されるということを説いたのである。

カーストというのは、ラテン語 castus(血、純血)、ポルトガル語 casta(家系、血統)等が語源としてインドに伝わった後、インド人の言葉として定着したものであるという。それはインドでは事実上の階級を意味している。一番上の階級の人たちはバラモン（僧侶）、その次がクシャトリア（武士）、次がバイシャ（商人、庶民）、四番目の階級がシュードラ（奴隷）である。四番目の階級がシュードラすなわち奴隷であっても、その階級はまだカーストの中の一つに数えられているのであり、人間として扱われている。しかし、まだ下の階級とされる人々が存在するのである。色々な名前で呼ばれているが、彼ら自身が名乗っている名前にダリット、すなわち「抑圧された者」という意味の名がある。

インドの人口八億人のうち、二億人以上がダリット階級であるという現実がインドには存在する。日本の人口が約一億数千万人であるから、その倍近くの人々が人間扱いを受けていないという驚くべき現実が存在するのである。

インドの宗教はヒンドゥー教である。これは時代区分によって、バラモン教とも呼ばれるものである。今日のインドの主流の宗教は仏教ではなく、ヒンドゥー教である。インドには仏教の遺跡などは存在するが、宗教としてはヒンドゥー教が主たる宗教となっている。

ヒンドゥー教の教えに、輪廻思想がある。前世で良くないこと、悪いことをした人は、不可触民として人間扱いされない身分に生まれてくるという。しかし、一生懸命努力して、人のために働けば、次に生まれてくるときには上の階級に生まれることができるというのである。このような、前世の業（カルマ）の結果、カーストが存在するという。

このような思想がインドでは本当に強く蔓延している。そのような風潮は、次のような悲惨な事件をも引き起こすのである。それは、結婚したばかりで、まだ、ほとんど日が経っていないにもかかわらず、夫が亡くなり、残された妻は火の中に飛び込んで自殺をしたという。これは、インドで昔から伝えられる夫を失った妻が為す儀式的な自殺行為であるが、最近ではさすがに実行する人は少ないという。だが、残された女性は火の中に飛び込んで自殺をしたということが美談として、インド中に報道されたのである。このニュースは日本の新聞にも紹介されたことがある。

そのようなことをするのには、意図的な理由がある。インドの社会では、先ず、女性の再婚というものが好ましいものとは考えられていない。なぜなら、再婚する場合、女性はどうしても自分よりも一つ下の階級の人と再婚する可能性がともなう。そうすると、階級間での混血化が進み、やがて階級性すなわちカースト制が崩れていくことにつながる。それを防ぐために、残された女性が死を選ぶことが美談とされているのである。結婚して、まだ間もない若い女性が自ら火の中へ飛び込んで死んだことが、インド国内で賞賛すべき美談として報道されたのである。

一九九六年、日本キリスト教団部落解放センターのメンバーに導かれて、私もインドへ行き、実際の差別の現状を学び、ダリット解放運動の集会等にも参加することができた。そして、ダリット解放運動に携わる牧師を養成することを主眼とするタミール・ナド神学校を宿泊拠点として、ダリット解放の神学についても学び、さらに、ダリットの村を約三〇軒ほど訪問した。そこには、きわめて厳しい差別の現状が存在した。だが、その一方で、差別を跳ね返す運動と信仰を見せられた。

＊

聖書には、「生まれつき目が見えないのは、だれが罪を犯したからか」という問いが立てられているが、同じ問いがインド社会で為されたならば、あなたの前世での業によるものであるというような説明がなされるだろう。インドでは、カースト制度のもたらす矛盾は、前世の業による当然の報いとしてあたかも合理的なもののごとく説明される。

しかし、イエスの答えはそのようなものではなかった。ヨハネ福音書九・三「イエスはお答えになった。『本人が罪を犯したからでも、両親が罪を犯したからでもない。神のわざがこの人に現れるためである』」。イエスはカルマ思想を否定する。

六節では、「わたしは、世にいる間、世の光である。」と言い、唾で土をこねて盲人の目に塗った。そして、イエスはシロアム（遣わされた者という意味）の池に行って目を洗うように指示した（同九・七）。そこで、彼は行って洗い、目が見えるようになったのである。「目が見える」というのは、ここではギリシャ語のブレポーという単語が使われている。それは、「分かる」という意味が含まれた言葉である。そこで、彼は行って洗い、「目が見えるようになって、帰って来た（九・七）」。これは、「彼は分かるようになって帰ってきた」というように意訳することも可能かと思われる。

イエスは治療行為を行ったが、その日は安息日であった（ヨハネ福音書九・一二参照）。ユダヤ社会では、一切の労働が安息日には禁止されていた。イエスの治療行為も禁止事項に該当し、イエスはそれを破ったという非難が起こる。

ヨハネ福音書九章全体に、この奇跡物語のことが続く。「ファリサイ派の人々の中には、『その人は、安息日を守らないから、神のもとから来た者ではない』と言う者もいれば、『どうして罪のある人間が、こんなしるしを行うことができるだろうか』と言う者もいた。こうして、彼らの間で意見が分かれた。そこで、人々は盲人であった人に再び言った『目を開けてくれたということだが、いったい、お前はあの人をどう思うのか。』彼は『あの方は預言者です』と言った（九・一六、一七）」。

さらに、ユダヤ人たちは彼を追求する。「さて、ユダヤ人たちは、盲人であった人をもう一度呼び出して言った。『神の前で正直に答えなさい。わたしたちは、あの者（イエス）が罪ある人間だと知っているのだ。』（九・二四、二五）」。執拗な問いに対して、その盲人は『あの方が罪人かどうか、わたしには分かりません。ただ一つ知っているのは、目の見えなかったわたしが、今は見えるということです。』と答えている。

イエスが何者であるかが執拗に問われているが、ここで他の福音書ならば、このような追求をするのはファリサイ派や律法学者である。しかし、ヨハネ福音書は「ユダヤ人」全般が追求しているかのように書かれている。これはヨハネ福音書が、ユダヤ人以外の文化圏で書かれたものであることを自明のこととしているのである。

三四節では、「彼らは、『お前は全く罪の中に生まれたのに、我々に教えようというのか』と言い返し、彼を外に追い出した。」と記される。「罪の中に生まれた」というのは、この人が生まれたときから盲人であった理由を述べたものである。もし、すべての人間は生まれにおいては平等に生まれてくるのであると考えられていたならば、本人が責任を負いようがないはずの生まれつき盲人であったことを、「罪の中に生まれた」というような言い方でいうべくもない。明らかに、ここには輪廻思想、カルマの思想が介在しているのである。この奇跡物語の背景には、ヨハネ福音書がギリシャ的な輪廻思想と対峙せねばならなかった状況を物語っていると言えよう。

＊

すでに述べたように、インドではヒンドゥー教の教義によってカースト制度が存在し、差別と抑圧が合理化されている。そこで、ダリット階級の人々の中には、ヒンドゥー教徒であることを拒否し、自らの宗教として仏教やキリスト教を選択する人々も存在する。たとえば、インドの独立憲法の草案者であるアンベッガー博士がそうであった。彼は有名なマハトマ・ガンジー以上に、インドでは本当の意味の英雄である。いやむしろ、マハトマ・ガンジーはダリットにとっては敵でさえあるが、アンベッガー博士の存在はダリットの人々にとって、今なおカリスマ的指導者なのである。（数名の日本人牧師の一人として、私もダリット解放運動の集会に出席したさいに、人々が拳を振り上げて「ドクター・アンベッガー！、ドクター・アンベッガー！」とシュプレッヒ・コール（連呼）する姿に感動したものである。）

マハトマ・ガンジーは、ダリット階級を政治の世界に参加させようというアファーマティブ・アクションの法案が出された時には、これに反対したのである。いわゆる、特別枠を設けて、ダリット階級にも議会に参加する権利を認めようとする動きが起こった時に、ガンジーは「自分は死んででも、断食をしてでも反対する。それは必要ない。」と言い切ったという。ガンジーは第四番日のカーストであったシュードラ（奴隷）の解放には協力したが、アウト・カーストであるダリット階級を解放する意図はなかったのである。

一方、自らがダリット階級の出身でもあったアンベッガー博士は、ヒンドゥー教徒から仏教徒への改宗を決断した。自分たちがヒンドゥー教徒であるがゆえに、その教義の呪縛の下で不可触民として差別されるのであるから、自らそのような宗教を放棄することを決断したのである。ブッダ（真理に目覚めた者）として、カルマからの脱却を遂げることを説いた釈尊の教えを選んだのである。真理に目覚めた者は、再び輪廻転生を繰り返さない。再び、何かに生まれ変わることはなく、浄土へと導き入れられるのである。アンベッカー博士は、追従する多くの人々と共に、ヒンドゥー教から仏教に改宗したのである。だが、その後、さらに過酷な抑圧と差別が向けられた。それは一般に次のような理由で説明された。「あなた達はヒンドゥー教を捨てた。だから、不可触民に法的に与えられている社会保障制度の枠には該当しない」。さらに過酷な仕打ちが向けられたのである。

＊

インドのダリット解放の神学は、キリスト教の一般的な神学の諸分野に加えて、現代のエコロジーの問題、女性解放の問題、社会的な実践としての都市伝道、農村伝道等も取り扱う。その学問の内容は、インドの長い歴史の中で培われてきたヒンドゥー文化への一方的な拒絶のみばかりではなく、対話によるインド独自のキリスト教思想を形成していると言える。そして、イエスの十字架による救いこそ、カルマ思想を打ち破り、人間を解放へ導くものと考えられている。また、インドのキリスト教の歴史はきわめて重厚なものである。イエスの弟子トマスが、イエスの死後、インドに来て伝道したと信じられている。マドラスにある丘の上には、トマス殉教の十字架像がそびえ立っていた。また、聖トマス教会にはトマスの墓があり、棺が安置されていた。トマスによる伝道は伝説的な話であるとキリスト教界一般では考えられているが、インドのカトリックもプロテスタント諸派も、トマスのインド伝道を誇りとしているのである。

ヨハネ一二章一五–一九節　行きたくないところ——提岩里《チエアムリ》教会——

蘇ったイエスは弟子ペトロに向かって、三度も「わたしを愛するか」と問うた。この問いに対して、ペトロは「はい、主よ、わたしがあなたを愛していることは、あなたがご存じです（ヨハネ福音書二一・一五）」と答えている。イエスが三度もそのように問うたのは、イエスが捕らえられ、十字架に架かるまでに、ペトロは三度もイエスを知らないと言ったからである。ヨハネ福音書一三・三六では、ペトロは「あなたのためなら命を捨てます」とまで言った。だが、彼はその言葉通りに戦うことはできなかった。結局、鶏が鳴くまでに、あなたは三度わたしのことを知らないと言うだろう（ヨハネ一三・三七）というイエスの預言通り、イエスのことを知らないと三度も言ったのである。そのようなペトロに向けて、イエスは三度、「わたしを愛しているか」と問うたのである。

しかしながら、後に、ペトロはキリストの復活を宣べ伝え、信仰を持って死ぬことになった。そのことが、イエスによって次のように預言されている。「あなたは、若いときは、自分で帯を締めて、行きたいところへ行っていた。しかし、年をとると、両手を伸ばして、他の人に帯を締められ、行きたくないところへ連れて行かれる。ペトロがどのような死に方で、神の栄光を現すようになるかを示そうとして、イエスはこう言われたのである。このように話してから、ペトロに、『わたしに従いなさい』と言われた（ヨハネ二一・一二―一九）」。

三度知らないと言うだろう、しかし、やがて、ペトロは本人が望まないような所へ連れて行かれるとイエスは言った。イエスは、三度知らないと言うはずだから、ペトロは駄目であるとは言わない。それを指摘しつつも、なお、ペトロに使命を与えようとしたのである。

行きたくないところへペトロは行かねばならなくなるというのが、蘇ったイエスがペトロに示唆したことがらである。とかく信仰を持つということは、安直に何か幸いなことであるかのように言われることが多い。だが、むしろ、キリスト者であるがゆえに、何気なく通り過ぎることが赦されないものが人生にさらにつきまとったり、あるいはキリスト者であるがゆえに、人が見ようとしないものを凝視せねばならないことも起こり得ると思う。

次に紹介するのは、キリスト者だから見なければならない現実というよりは、日本人であるからこそ、目を反らすことが本来赦されないはずのものである。日本が犯した罪について見たくない、聞きたくないと思っても、現実は現実なのだ。

*

一九九九年夏、私は初めて韓国を訪れる機会が与えられた。そして、訪問したのは提岩里《チェアムリ》教会であった。この教会は、私が詩の題名にしているように、「キリストによって滅んだ教会」と呼ばれている。以下は、ここで起こったことを詩として、私が書いたものである。

キリストによって滅んだ教会

ソウルから車で一時間
京《キョン》畿《ギ》道《ド》華城《ファソン》郡《グン》郷南《ヒャンナム》面《ミョン》提岩里《チェアムリ》
むくげの花が咲き乱れ
坂道の向こうに

白い建物
あれが記念館
その向かいが提岩里《チエアムリ》教会だ
叫びがあり
鮮血が大地を染めた場所

一九一九年四月十五日午後二時頃
第七八連隊中尉　有田俊夫は
憲兵一個小隊三十余名を率いて
提岩里教会にて語る
「去る、五日
発安《パラン》ではあまりにもひどい仕打ちをしたので謝罪したい
　十五歳以上の男子信徒は教会に集まれ」

そんな言葉に強いられて
礼拝堂に集まった男子二十一名は
銃弾と放火により
教会ごと焼き討ちとなる

他に婦人二名
近隣にて六名が惨殺された
憲兵隊宿泊のために
民家一戸を残し
村は全焼させられた

だが、どうだろう
静かだ
叫びが聞こえて来ないほど
霊が静かな聞き耳を立てているからか
今、日本人である僕が
再建された小さな提岩里教会礼拝堂に佇んでいるのだが

牧師より
日本軍の侵略を学び
学ばなければ知ることもない
そんなもどかしさを誰も非難する者もなく
だが、やはり

僕らの血は既に殺人鬼である

さあ、では祈って下さいと指名され
僕は祈らされたのだが
「待って下さい
日本人の祈りをあなたは受け入れるのですか」
などと尋ねることすらできないままに
僕は繕った殺人鬼の言葉で祈ったのだが
総計二十九名の霊はじっと潜んでいたのだろうか

提岩里教会は
キリストによって滅びた教会
そんなふうに人は呼ぶ
だが、違う
キリストによって蘇った教会だ
今では信徒百数十名は
次なる礼拝堂建築を待つという
傍らのむくげの花を見つめていると

取り返しのつかない哀しみが
僕に襲いかかって来るのだが

日本は、一九一〇年に韓国併合を行い、朝鮮総督府を設置し、朝鮮植民地化のために同化政策を推し進めた。「皇国臣民」「天皇の赤子」という当時使用された言葉が示すように、民族のアイデンティティを奪い取り、日本人化を強要した。朝鮮語の使用を禁止し、「創氏改名」により、氏名までも日本人名を名乗らせるという徹底した管理政策を朝鮮半島の民衆に強要したのである。

一九一九年二月八日、東京神田で朝鮮人青年が集まって、朝鮮の独立宣言文が作成された。そして、これが背広の襟の裏側に隠され、朝鮮に持ち込まれた。同年三月一日、朝鮮半島にて日本からの独立を求めて三一独立運動が起こった。この時、朝鮮半島の全二一八郡のうち二一一郡で蜂起があり、約二百万人が立ち上がった。日本軍は徹底した武力弾圧を行い、約一万名近い人々を惨殺し、約五万名の人々を逮捕したのである。

提岩里教会の事件は、三一独立運動の一応の鎮圧の後、さらなる弾圧として日本軍が行った虐殺事件である。提岩里はソウルの南側、民俗村で知られる水原《スウォン》からさらに西南へ二二キロのところにある。一九一九年四月一五日午後二時頃、教会堂の中に朝鮮人を押し込み、火を放ったのである。何が起こったのかは、詩に記しているとおりである。

それがキリスト教会であるがゆえの弾圧であったのかどうかは異論もあるが、日本軍が罪無き朝鮮人を虐殺し、提岩里の村は教会を中心に壊滅させられたのである。（参考文献、小笠原亮一ほか

『三・一独立運動と提岩里事件』日本基督教団出版局、一九八九年。韓国基督教歴史研究所編著『三・一独立運動と提岩里教会事件』神戸学生青年センター出版部、一九九八年。これは間違いなく日本人の手によって行われた虐殺であった。それを目撃した女性による証言も存在する。

一人の若い女性が教会の庭に走り寄って泣き出した。その教会の中に閉じこめられていた人の妻であった。結婚後、わずか二カ月であったという。憲兵の一人は刀を抜いて、その女性の首を切り落とした。一回では首が落ちず、二度三度切り付けたという。そのほかにも、畑で仕事をしていた主婦も、火を見て、何ごとかと教会の方へ走って来たが、銃殺されたという。

事件の数日後、カナダ人の宣教師がこの現場を訪れ、日本兵にどうしてこんな火事が起こったのかと質問したそうである。すると、礼拝堂の隣の家の不良青年が酒を飲んで、自分の家に火を付け、それが教会に引火し、礼拝をしていた人々が焼け死んだ。風がきつく、村全体がたちまち火の海と化したと説明したという。だが、火事があったのは火曜日であったので、礼拝などない日であったことを、宣教師はすぐに気づいたのである。彼が秘密裏に撮った現場写真等によって、やがてこの事件は外国へ伝わったのである。

明るみに出てしまった後、日本政府は一応事件を認め、関係者の処分を下したが、事件の中心人物であった有田中尉にさえ、謹慎一カ月という信じがたい軽い処分内容であった。

だが、提岩里の村人たちは教会の灯を消すことなく、細々ではあったが、教会を維持し続けたのである。戦後、一九六五年、日本人牧師が初めてその場所を訪問した。そこには、既に礼拝堂が再建されていたが、老朽化しつつあった。そこで、新しい礼拝堂を再建するための献金をさせていただきたいと申し出た。日本人の手によって、礼拝堂が再建されることは当初は受け入れられなかった。その後、募金活動を国内で募りつつ、地道な交渉が継続された。結局、一千万円ほどの募金が用意され、五百万円を遺族会館、残りの五百万円を教会堂再建のために受け取っていただいたという。

＊

日本人が戦争中に行った蛮行とはいえ、まさかそんな事をやったのだろうかと思いたくなるような話であるかも知れない。たとえば、かつて同志社大学文学部教授であった和田洋一氏が、『私の始末書』という本の中で、十代の少年であった頃、クラスメイトから、日本軍が朝鮮半島で教会を焼き払い、多くの人々を殺した噂を聞いたことを記している。

「わたしは、本当の話かつくり話か判らんではないか、というような反応を示した。新聞にはそんな記事は出ていないし、確かめようがないではないか、というような反応を示した。それが本当の話であったことは敗戦後ようやく判り、提岩里の教会堂がクラスメートの語った教会堂であったことが判った」。(注、和田洋一著『私の始末書』四八頁、日本基督教団出版局、一九八四年)

和田洋一氏のように戦時下に反ファシズムの文学運動に参加し、官憲の弾圧を受けた者であっても、朝鮮半島における日本軍の噂を信じることができなかったのである。戦時下には朝鮮総督府によって、報道も統制を受けていた。戦後、彼は事実を知って愕然としたのである。

＊

もう一つ、私は教会を訪問した。その教会は同信会という名であった。(注、同志社大学出身の牧師のグループに同じ名前の同信会というものがあるが、これは別ものである。)

この教会は、韓国内では建物はほとんど持っていない無教会的な教会である。ただ、同信会の発祥の地である私の訪問したその教会は会堂を持っていた。その教会を建てたのは日本人の乗松雅休という牧師であった。彼は、一八九五年の日本人による閔妃《ミンビ》暗殺事件への謝罪の意をもって、翌年、朝鮮に行き無教会派的な伝道を開始した。一九一〇年に、朝鮮総督府が日本によって置かれる以前から伝道していたのである。

三一独立運動以後の日本による朝鮮人弾圧は苛酷きわまりないものとなっていったが、そのような中で、乗松牧師は朝鮮を去らずに、日本人としての謝罪の伝道を継続したという。朝鮮に渡った当初、乗松牧師は「天神《ハナニン》」という朝鮮語の一語しか知らなかったそうであるが、日本に結びつく後援組織を持たずに、韓国人の服装をして伝道したという。

朝鮮半島に渡った多くの日本人牧師らが韓国のキリスト教会の主権を奪い、皇民化政策の片棒を担いだ時代である。また、朝鮮人民衆には、日本人に福音を説かれることに反発を感じた人々もいただろう。ところが、次のように当時の同信会の信徒たちは歌っている。「私たちは豊臣の日本を憎む。伊藤の日本を憎む。しかし、名もない乗松牧師の日本を愛する」。

同信会の教会の庭に柿の木があった。その木は乗松牧師の時代から存在するものである。実がなると、食べるにも乏しい生活をしていたにもかかわらず、乗松牧師は近所に柿を配ったという。柿の根は隣の地面にも入り込んでいる。だから、この実はあなた達のものでもある。そのように語ったという。

日本人でありながら、朝鮮を愛した。朝鮮の人々と生きようとした。そういう牧師であった。韓国では、けっして大きくもない約八〇名規模の教会であるが、その存在は多くの罪を負う日本人にとっては慰めにも思えるのである。教会の庭には、乗松牧師の遺骨が納められた墓があった。遺骨は本人の希望で、半分は朝鮮の同信会のこの教会に、もう半分は日本に納められたのである。

＊

日本人は大きな罪を背負っている。その現実というものは、そういう場所へ行ってみないとなかなか分からない。信仰を持って、時には人に寛大であり、人を赦すことをわれわれはイエスから学ぶ。だが、そう簡単にはいかない。そして、それ以上に難しいのは、自分の罪を認めることなのかも知れない。人に寛大であるとか、赦すというのは、自分の意志の範囲で、努力次第でいつかできることもあるだろう。いや、それが困難であっても、多少なりと、その実現の可能性は赦す側の人間のあり方のほうにある。だが、自分の罪を認めるというのは、そうはいかない。それを認めてしまったならば、赦す、赦さないというのは自分の側の問題ではなく、相手にすべてを委ねなければならない。その意味では、自分の罪を認めるというのは不安をともなうことでもある。しかし、歴史の中での過ちを、日本人は勇気を持って認めねばならない。

＊

ペテロはイエスから、「両手を伸ばして、他の人に帯を締められ、行きたくないところへ連れて行かれる（ヨハネ福音書二一・一八）」と言われた。実を言えば、私が韓国へ行くのに一番行ってみたいと思ったところは提岩里教会であったが、同時に、そこは一番行きたくないところでもあった。行くのが恐いところでもあった。だが、戦後、再建された提岩里教会の礎石に、次のような言葉を見つけた。「父よ、彼らをお赦しください。自分が何をしているのか知らないのです（ルカ福音書二三・三四）」。これは十字架上のキリストの言葉である。われわれ、日本人は罪を認めねばならない。だが、同時に赦される側でもあるのだ。いや、むしろ赦される側であることを意識し続けねばならないと思うのだ。

第四章　聖典からの脱却――新しい宗教性を求めて――

一　聖書解釈の問題

聖書の分析や研究がキリスト教の教義に、いつしか変更をもたらすことが起こりうるのだろうか。いや、教義ならばそれも可能であるかも知れない。では、聖書の文言を修正する必要が生じることはあり得るだろうか。もし、そのような必要性が起こるとすれば、どの程度まで修正が可能であるのか。あるいは、そのようなことは許されるのか。それとも、聖書を修正するというようなことは、一切認められないのか。

設問がいささか唐突に思われるかも知れないが、聖書研究や神学一般がもたらした成果によって、教義的なイエス理解に修正を加えざるを得ないところまできていると言えないだろうか。しかし、そんなことが、公然と言われることはほとんどない。また、学問としての福音書の研究は、信仰におけるイエス理解とは次元を異にするものとして扱われ、誰もそのようなことを言い出しはしない。あるいは、そのようなことがらが、キリスト教批判として打ち出されることはあっても、具体的に聖書をいかに修正するかというような議論としてなされることは、ほとんど無いと言ってよいだろう。

教義の修正ならば、特にプロテスタントの各教派が独自に検討することができるかも知れない。しかし、聖書の文言修正ともなれば、それはプロテスタントの各教派の姿勢のみで行うことが可能なのだろうか。要するに、誰が修正の権利、あるいは権威を持っていると言えるのだろうか。現実の教会における聖書を絶対化する視点は、あたかも不動のもののごとく存在しているがゆえに、たとえば、イエスの出来事についての神学によって得られた史実は、信仰とは別個のものとして、どこかで割り切って処理されてしまっていると言わねばならない。

史的イエスとケリュグマのイエスとの区別が明確になったのは、福音書研究の結果である。福音書のテキストはそれらが複雑に織り交ぜられて組み立てられている。しかし、信仰の世界や教会の説教において、史的イエスとケリュグマのイエスが明確に分離されて語られることは一般的には存在しない。そして、信仰と神学は違うなどということが言われる。実際の教会の現場においても、牧師が現代の聖書学などにはきわめて距離をおいているというのが現状であると思う。教会の現場は学問の世界とは異なるという、一見もっともらしい言い方で、神学は何ら信仰の世界とは無縁なもののように扱われてしまっている。

このような傾向は、教会にとっても、神学にとっても不幸なことと言わねばならないのではないか。

なぜなら、教会は相変わらず、信仰は理屈ではないなどと言い、教義の枠の中に逃げ込み、特にイエス伝研究などとは異なる方面に目を向ける。一方、神学の側は実際の教会で語られる聖書理解とは直接つながらない〝学問〟の世界に、その存在意義を見いださねばならないのである。

このように神学と信仰が乖離する背景には、様々な原因が考えられる。もともとキリスト教の教義は、史的事実性に立脚するのではなく、原始キリスト教団によって神話的な側面を含みつつ創られたものであった。そして、神話性を含んだ物語であったであろう福音書が、いつしか事実性を記した文書にすり替わってしまい、本来、メタファーとして指し示されていたものが、あたかも事実を記したもののごとく扱われてきたと言えないだろうか。

仮に、聖書がすべて事実を記したものであるという立場に立ってみるとしても、いかなる事実性であろうとも、イエスの出来事においても、それが伝達されるためにエクリチュールを介しているのであり、常にそこにおいては解釈を伴い、事実性への直接的な経路は遮断されているのである。そのことが前提として聖書が読まれるならば、聖書の読解であっても、エクリチュールの読解でしかないことを認めねばならないだろう。だが、実際には、聖書は聖典として、事実性においても誤りのない書物としてキリスト教の中に位置づけられている。そして、イエス伝研究がもたらす成果は、そのまま教会の中で採用されるどころか、それらは信仰に反するものであるかのようにすら扱われる傾向は後を絶たない。

また、更に、教義とは何であるかという共通理解をもう一度、確認する必要があるかも知れない。ニケア信条によって三位一体論が確立され、公認キリスト教というものが確立されたのは四世紀終わりの事である。そこで確認された教義は、現代も一応のキリスト教の原則的教義として理解されている。だが、これが確認される以前にも、当然、キリスト教は存在したし、このような考え方を採用しない宗派も存在したのである。あるいは、イエス自身でさえも、三位一体などという考え方を持ち合わせていたとは考えにくいであろう。そうだとすれば、ニケア信条に関して言えば、まず、これは四世紀に至って初めて確認されたものに過ぎず、この信条以前に存在したニケア信条とは異なる主張を持つキリスト教の信仰の存在は、異端か正統かのレッテルが形式的にはまだ貼られずに存在したのである。また、ニケア信条そのものも、そこに比喩的なものを含んだメタファーであるとも言える。

だが、それらが一旦決められてしまうと、決めたのは人間であっても、あたかもそれは神によるものとして取り扱われ、その信条に整合せぬものは異端として扱われる歴史が始まったのである。かつて、イエスと同時代にあった人々にとっては、信仰の対象は実在の人間イエスの方へ向けられていただろう。あるいは、彼が語ったことへと向けられただろう。しかし、そこから信仰の対象が移行したのである。イエスの死後は、信仰の対象が復活のイエスへと転位され、また、その後にも各福音書が書かれることによって、それはエクリチュールとしての福音書の方へ転位した。更に、様々な変遷を経て、ニケア信条という教条によって、信仰対象としての人間イエスは、キリスト教の教義の中核から消し去られたのである。

これについて、次のような反論もされるかも知れない。ニケア公会議の成立とその信条の制定は神の歴史の中で生起し、今や、史的イエスはいかにあれ、神の創造の歴史の中で教義が確立され、人の手を通して書かれた聖書の言葉は、歴史的経過を経て神の計画の内で、神の言葉としてそこに告白されたのであると。よって、聖書は神の言葉となった。このような立場では、教義や聖書は無謬のものとして扱われ、今後、教義の修正はあり得るとしても、聖書の文言の修正というのは原理的にはあり得ないことになるかも知れない。なぜなら、神の言葉である聖書から出発するのでなければ、一切のキリスト教についての教義や言説は始まらないという絶対化を聖書に対して行っているからである。

自然科学分野におけるニュートンの力学のようなものならば、ニュートン力学という思考の構造パターンの枠内では、その学問は完結していると言えるかも知れない。要するに、アインシュタイン以後のような異なる構造パターンを持ち出さない限り、それはそれで完結しているのである。これと同じく、聖書を絶対のものとして扱う立場というのも、それは一つの思考の構造パターンの中での完結でしかないのである。

たとえば、カール・バルトが彼の著作『ローマ書』で提唱したものについても、一つの構造の中での完結でしかないのである。バルト神学は、フォイエルバッハやシュトラウスといったヘーゲル左派による聖書批判に対して、キリスト教信仰の正当性を、それまでにない聖書理解で対抗しようとした。そして、聖書の言葉を現代のわれわれに語りかけてくる神の言葉として、実存的な読解を提唱した。それもまた、一つの構造の中にあると言わねばならない。聖書はそこでは、神の意志を示すメタファーの書となっていると言えるだろう。

また、その後も積み上げられた様々な福音書研究による史的イエスに関する成果を前にすれば、聖書は神の言葉であると言うよりも、それは神の言葉を表わすメタファーであると言わねばならないだろう。しかしながら、教会では、聖書をメタファーとして認知するどころか、それは相変わらず神の言葉であり、それは事実性においても誤りのない規範とされている。これはメタファーと事実性のすり替えとも言えるだろう。

少し飛躍するが、仮に教義（特にイエスの復活についての考え方など）を修正すると言っても、そこには厄介な問題があるのもまた事実である。いったいどのようにして、誰がそれを修正する権限を持つかという話になるだろう。いわば教義の絶対性からの出口を創りあげることが、誰によって可能なのかという話になってしまう。また、現代のように多くの宗派が存在するプロテスタンティズムにおいては、教義を根本的に修正する作業など考えようがないだろう。たとえば、プロテスタントのある一つの宗派が聖書の再編集を行うような権限を持ち得るであろうか。あるいは、そのようなことを本当に必要であると仮に考えるとすれば、一体誰がどうやってその権限の正当性を容認する立場にあると言えるだろうか。

しかし、一方では、現代の聖書神学の成果が提供する史的イエス理解が、公平に成果としてキリスト教界に導入されるのならば、現実の教会の語る神学の方向性を大きく揺るがし、また変化させるだろう。たとえば、処女降誕、メシア性、十字架につけられた理由（政治犯なのか、それとも宗教裁判の結果なのか）、復活、三位一体、等々、これらはキリスト教の根本的教義であるが、史的イエスに対しては極めて乖離したものとなっている。

牧師が教会で難しい神学を説いても、人を導くことはできないというような理由で、結局、学問としてのイエス伝研究の成果は教会からは無視されている。あるいは敵視すらされていると言っても良いかも知れない。牧師は、神の言葉としての聖書、あるいは聖典としての聖書を語るという職務を持っているというもっともらしい理由から、信仰と学問、信仰と知識は異なるという理屈が立てられる。そして、神学が何をもたらそうが、教会にとって都合のよいものだけが結果的に取捨選択されているのである。

教会で語られる言葉は、聖典的権威によって補填されている。しかし、聖典の言葉も人間が書いたものであり、歴史の産物に過ぎないのである。四福音書に限って見ても、各書はそれぞれに記者ら自らの思想、神学を背景として書かれたものであり、そこには記述内容の食い違いが明らかに存在している。特に様式史が明確にした点を見ても、各福音書において、イエスに関する記述の異なる点が多々存在することは明らかである。

例えば、ヨハネ福音書には最後の晩餐の記事が存在しないし、マルコ福音書にはイエスの復活の記事すら存在しない。あるいはイエスの誕生物語を記しているのはマタイとルカのみであって、ヨハネには存在しない。現代に語り継がれるクリスマスですらも、四福音書中、マタイとルカのみがそれについて語るのみであり、他の福音書記者らはそれを記していない。ましてや、イエスの誕生の日時など、どの福音書のどこにも記されてはいない。それは太陽神ミトラの誕生日とされた日を、ローマ帝国がキリストの誕生日に置き換えただけのものであった。だが、いつしか、それもまた公然と事実であるかのように一人歩きしている。福音書の中に記されたイエス像を見ても、四福音書においてそれぞれに異なっている。このようなことから、聖書全体が一冊の書物として一枚岩であるという考え方は、既に維持しようがないのである。あるいは逆に言えば、それらを一枚岩にしようとした試みこそ、キリスト教の歴史だったのかも知れない。だが、今日、特に新約聖書神学の成果は、キリスト教の枝葉の部分が揺れるだけでは済まされないほどの影響を、信仰に対しても与え得るし、教義全体にさえ与え得るのではないだろうか。

もっとも、そのような論議とは無縁であろうとするファンダメンタリストも多いのは事実である。彼らは聖書神学が突きつける課題から目をそらすどころか、聖書を研究すること自体に対してすら批判的である。そのような態度はあまりにも保守的でありすぎる。イエス伝研究などの神学によって、新たに露わにされて来る史的事実を見ようともしないのである。

二　一九七〇年万国博覧会以後の日本のキリスト教

今では古い話と思われるだろうが、一九七〇年に大阪府吹田市で開催された万国博覧会（以下、万博）へのキリスト教館出展問題は、国家と教会の関係はいかにあるべきかという問題を提起するものであった。第二次大戦後の日本の教会が直面した、最大の政治的出来事であったと言っても過言ではないだろう。それにも関わらず、この問題は今ではあまり関心を向けられていない。戦時下のキリスト教弾圧などについてはものを言っても、これには言論を差し控えるキリスト教関係の歴史書も多い。

自らが政治的選択を余儀なくされるということを意識した結果なのかも知れないが、当たり障りのない過去の歴史については言及できても、このように未だ時代的に新しいことがらは、歴史家にとって学問的対象にならないとでも言うのだろうか。一九七〇年代というのは教会だけでなく、日本社会全体の岐路でもあった。その中で教会が苦悩した問題が、現在と将来の教会へ語り継がれるべきなのは言うまでもない。

戦後の日本の繁栄を象徴する万博の背後には、アジアの貧しさの上に立つ資本主義国日本の繁栄があった。当時の日本の経済発展は、朝鮮戦争やベトナム戦争の犠牲の上に成り立っていた。その意味で、万博は戦後日本の国力復活を示す国家行事でもあった。それゆえ、万博にキリスト教が会館を出展するということは、教会が国家権力と非常に近いところに立つものであり、その問題性が危惧されたのも当然であった。

アジアの貧しさを考えるならば、万博への出展は、資本主義的繁栄の上に教会が胡座をかくようなものであり、第二次大戦中の教会の軍制への協力的態度への反省を反故にするものであり、再び危険な国家プロジェクトに教会が参与することであるという批判の声が浮上した。そして、この問題は神学的にもさまざまな議論の引き金となったのである。そこで提示されたものの一つに、教会と国家との関係の新たな展開の問題がある。万博によって教会が安易に国家権力と連動するのは、ひとつにはパウロの思想を信仰的中心に置いているキリスト教会の思想的帰結であるということが指摘された。パウロは、ローマ書十三章に於いて、国家権力を無条件に容認している点が特に問題視された。

キリスト教が国家権力と結びつくことは、イエスのとったローマ帝国への政治的態度と本質的に矛盾する。イエスはローマ帝国とも対峙した。しかも、ローマ帝国によって、イエスは政治犯として十字架で殺されたのであり、最後まで彼は国家権力と闘い続けた。そのようなイエスに従う教会は、アジアへの搾取やいかなる戦争等に対しても、協力することはできないというのは言うまでもなかったことである。それゆえ、万博反対論はプロテスタント諸派の中で持ち上がったのである。

また、パウロの奴隷制を容認する姿勢（第一コリント七・一七―二四、六・五―九）や女性を男性以下のものと考える教え（第一コリント一一・二―一六、一四・三三―三六）への批判も併せて行われ、このような問題を討議する中で出て来た聖書の読み方が「パウロ主義批判」であった。また、イエスは政治的であったかどうかも、パウロ主義批判と共に論争された。とかく非政治的に存在する宗教などあり得ないのだが、この世と神の国という二元論によって、教会は神の国についてのみ語るべきであり、社会問題には関与すべきでないと公然と主張するような牧師もあらわれ、それに対しても教会闘争は展開されていった。

当時、ベトナム戦争を経て、大学紛争、沖縄奪還闘争などがあったが、それら現実の問題に対して見て見ぬ振りをしたりする牧師も多かったと言える。彼らは社会問題から目をそらし、あたかも人間は観念的な充足のみによって救われるものであり、そこに政治性を取り込まないという立場を選択して、巧妙に救済という幻想を擬制し、宗教による救いを社会問題から切断しようとした。そのような人々は、大なり小なりパウロ主義に立脚していたと言ってよいだろう。そして、万博キリスト教館出展については、「私はおりを得ても得なくても福音を述べ伝える」というパウロの言葉を一つの根拠として、それへの参加を正当化したのである。

パウロは、「奴隷も自由人もない」などと言いつつ、教会の中と神の前では皆平等であるなどと言い、教会から一歩外へ出るとローマ帝国下の奴隷制が存在していたにもかかわらず、社会問題を教会の中に持ち込まない姿勢を説いている。パウロはキリストの十字架による贖いを唱えつつ、コリントの教会の人々の目を、当時の社会問題であったはずの奴隷制から逸らせるように誘導し、現実には何も解決がなされていないにも関わらず、あたかも救いが「奴隷も自由人もなく」平等に存在するかのように語ったのである。このようなパウロの伝道姿勢は、ありもしない幻想としての救いへと民衆の意識を向けさせ、現実の問題解決から目を逸らさせたのであり、宗教はいわば民衆の抑圧装置としての役割を担ったのである。

日本基督教団では桑原重夫牧師らを初めとして、これらの問題点が提起され、その議論は天皇制批判にも及んだ（参考文献、桑原重夫『天皇制と宗教批判』社会評論社、一九八六年）。そして、反万博の運動は、歴史における教会のあり方から、「神学」そのものを問う運動となっていった。万博問題は、極めて反動的なキリスト教館出展という決着をみることとなったが、形を変えて様々な議論につながっていった。

一九八〇年代には、日本基督教団の保守派の牧師によって組織されていた福音主義教会連合などは、差別の問題は差別問題の専門家に任せるべきであり、牧師は聖書の専門家として働くべきであると主張した。これには、キリスト教会が部落解放運動等に関与することを回避させようとする意図と、当時の日本基督教団の社会派を批判する意図が込められていた。差別の問題は差別問題の専門家にまかせるべきであり、教会の牧師が片手間で社会問題を手がけるべきではないのだと主張した。

このような考え方は日本基督教団の中に大きな議論を巻き起こした。これは社会の問題と教会を区別する二元論的な考え方であり、教会が宣教すべき課題は社会的な差別事象等とは別の次元のものであるという立場に立脚し、かつ、部落問題等への教会の取り組みを意図的に批判するものであった。

パウロ主義はこのような立場をも生み出すのである。しかしながら、現実の社会問題の克服なくして人間の救済はあり得ない。教会が、日本社会に存在する様々な社会問題の解決と、信仰による自らの解放の課題に取り組まねばならないのは、現在も同じである。それは言うまでもなく、イエスがそのように生きたということを論拠とする。

当時、書かれたものに、土井正興著『イエス・キリスト』(三一書房、一九六六年)があった。本書では、イエスには社会問題に関して二面性があったとされる。彼に従った弟子たちの中にも、革命による神の国の実現を求める立場のものと、貧困こそ神の国へ入る資格であるというような観念的な救済を唱え、社会問題への関心よりも精神的な救済を重視する立場のものとがいたという。そのどちらをもイエスの運動は擁していたと主張する(同書一一〇頁以下)。このようなイエス理解も、一九六〇年代あるいは七〇年代という時代が生み出したものだったのだろう。これは、イエスのローマ帝国への対峙の姿勢に学ぼうとする立場への消極的反論というべきである。

そのような二面性を仮にイエスが持っていたとしても、そのことから現代のキリスト教が、社会問題から乖離することが容認されるものでないのは言うまでもない。イエスが行ったファリサイ派批判や律法学者への批判は、宗教批判であったと共に、ユダヤ教とその背後のローマ帝国に対する政治的緊張を不可避的に生起するものであっただろう。そのことは、政治犯としてローマ帝国によって彼が処刑されたことが物語っている。

ところで、教会が社会問題に対してどうあるべきかということについて、かつて一九七〇年代のキリスト教会に意見の食い違いがあったが、そのような意見対立は今もって何も変わっていない。宗教を社会からの逃げ場として考えているか、あるいは、特定の社会正義の実現に向けて、宗教が関与すべきであると考えるのかという思想の分岐点がそこには存在する。この差異は、そのまま政治的差異でもある。だが、イエスの運動がそのような差異を克服することにあったのだとすれば、教会はその問題を今後も見過ごしにすることは赦されないであろう。

七〇年万博闘争を振り返りながら、桑原重夫牧師は冷静に次のような点を指摘していた。「当初からこの闘争に参加した青年や牧師の中にも、「何がほんとうのキリスト教か」という問いの立て方をした人が多かった。……略……だが、反万博闘争から発掘された問題は、「体制か／反体制か」という二者択一的発想からキリスト教の行動の原点をイエスに求めるのではなく、むしろ、それを観念領域に変質させて政治的にも大きな役割を果たす「宗教」の構造に対する批判の意識である。いくらイエスの戦いをかついでも、そのイエスが当時の政治と結んだ宗教体制の前に結局は敗北した事実をどう受けとるか、また、最も人間らしい生涯を送ったにすぎないイエスが、なぜ『キリスト』と告白されて礼拝の対象にされ、宗教の教団にまつり上げられていくのか、という問題である」。（桑原重夫『天皇制と宗教批判』社会評論社、二〇八頁以下、一九八六年）

「本当のキリスト教」というものを目指そうとして反体制の側で闘った人々もまた、宗教という巨大な枠の中に置かれていたことを桑原牧師は指摘する。「本当のもの」を求めるというのが現象としての行動様式に結びついている限り、何らかのものを絶対的なものとして祭りあげなければならないのである。それは結局のところ、吉本隆明の言葉では関係の絶対性（『マチウ書試論』）であり、また、そのような言葉を待たずしても、時代の中のいかなる理念もその階級制の支配を受けて成立しているとも言い換えられよう。桑原牧師はその意味でも、きわめて冷静に宗教の宿命を察知していたと言える。

三　「神の似姿」批判

創世記のアダムとエバの誕生の物語では、人間は神の似姿（Imago Dei）に造られたという。人間が神の姿を形どって造られたというこの神話は、すべての人間が神の似姿であることで、本来、平等であるべきだということを語っていると一般に言われる。そこから人間の平等と反差別への視点が類推され、キリスト教の人権と反差別を訴える論拠とされたりもする。しかしながら、創世記はバビロン捕囚以後に、ユダヤ民族のアイデンティティを回復するために書かれたものであり、神の似姿とは広い意味での人間のことではなく、選ばれた民としてのイスラエルを第一義的に指し示していたと思われる。創世記が書かれたのは紀元前五世紀にバビロニアによってユダヤ国家が滅ぼされた後であり、古代イスラエル宗教からユダヤ教への転換期に書き上げられたものである。国を失ったユダヤ人らが、再びユダヤ教という宗教理念のもとに、国家と民族のアイデンティティを取り戻すために書かれたのである。このことを目的として、創世記の人間の創造の物語は、すでに存在した資料を使いながら捕囚以後に編集されたのである。その編集の意図は、民族的アイデンティティの確立にあったと言えるだろう。

しかし、そのような創世紀の意味も歴史の中で変遷した。その後、ディアスポラとしてのユダヤ人の広がりは、ただユダヤ人の血統を継ぐ人々によってのみもたらされたものでなく、混血化が進んでいったと思われる。また、更にディアスポラ系ユダヤ人の影響によって、ユダヤ教に改宗した外国人によっても、ユダヤ教は形成されていったのである。（参考文献、S・サフライ『キリスト教成立の背景としてのユダヤ教世界』サンパウロ、一九九五年）。よって、創世記の神の似姿は、ユダヤ人中心思想を根強く内に秘めていたと思われるが、ディアスポラのユダヤ教においては、すでに異教徒をユダヤ教の中に、ユダヤ教徒として（あるいはユダヤ人として）受け入れていた。創世記は民族のアイデンティティ回復と国家主義的な志向性を持つものであったが、それはディアスポラにとっては民族性を克服したものとして読まれたと思われる。

テキストは歴史の中を一人歩きし、元来そのテキストに意図されなかった意味が付与されていくものである。エクリチュールとなったものは、均一な読解の中に留まることはあり得ないし、また読解とは解釈のことでしかないのだ。たとえば、創世記の神の似姿は、現代のイスラエルの国家主義者とキリスト者とでは、大きく異なる意味を持っていると思われる。

ところで、解放の神学にせよ、いかなるキリスト教の進歩的な運動にせよ、結局は聖書の中の言葉をうまく拾い読みすることによって、エクリチュールとしての聖書を自らの側に引き寄せて解釈することで、自らの根拠としている。そのような聖書の言葉による縛りを回避しようとすれば、キリスト教ではなくなってしまうという見解もあるかも知れない。そうだとすれば、宗教というものが常にそのような縛りの中にあるのは宿命的なことなのだろうか。だが、イエスという人間をキリストとして礼拝する宗教を生み出したものが何であり、現代の日本の国家構造の中で、宗教がいかなる役割を担っているのかを分析し、さらに構造の中での宗教の絶対性かつ関係の相対性を止揚すべきであると考える。それは、聖書の文言を引用し、聖書を自分たちの思想やイデオロギーに合致するように組み替える作業を行うということではなく、人間を本質的に突き動かす力との出会いの基点を見いだす作業なのである。

今一度、日本のキリスト教会はかつての反万博の神学とパウロ主義批判という大きな遺産を継承し、教会の社会問題への参与を、教会の責務として位置づけていくべきである。すなわち、社会問題と信仰は分離できないものなのである。

四　史的イエスと信仰

一六世紀の宗教改革時代の論争では、改革者たちは聖書の言葉を引用することで、自らの立場を弁証しようとした。聖書に帰れという指針は、客観的には、カトリック教会の権威を否定するために、聖書という新たな権威をそこに導入しようとすることであった。このように宗教が宗教である限り、一つの権威を否定するためには、新たなる権威が不可避的に措定されねばならないのであろうか。

現代においてもこの点は同様である。たとえば、史的イエスに帰れということが強調されるとしても、従来の宗教的権威に置き換えられるものとして、それが措定されている。史的イエスに帰ろうとする作業は必然的に福音書というエクリチュールの領域の中に、史的イエスという新たな宗教性を見いだそうとすることでしかない。この点についても、既に七〇年代には「原点主義批判」として指摘がなされていた。仮に、史的イエスなるものが明確な像として復元されたとしよう。では、その時、我々はその像が史的であるという理由によってのみ、信じるに値すると考えることができるのだろうか。復活を証明しようとする立場も、復活が有り得なかったことを証明しようとする立場も、結局は同じ穴の狢となる。

そこには、歴史的な事実性こそ真理であるという思いこみが存在する。歴史の事実であったということで意義を持つのは、その歴史的事実に対峙するときに、読み手がどのように歴史に主体的に関与するかということによらねばならない。史的事実として確認されれば、それですべてよしというものではない。史的事実が読み手に対して持つ距離は、イエスの復活についての聖書のテキストの場合にも同様に生起する。読み手によって、テキストが語ることの意義が認められない場合には、そこに何ももたらすものはない。そして、あらゆるテキスト読解は解釈でしかないし、史的事実の認識も史的事実の解釈というファンクションを通過するのである。

そうだとすれば、「AはAである」というカテゴリをともなわない表現が何ら事物を指し示さないように、宗教的言語の読解においてトートロジーを打ち破るものが宗教的啓示のごとく必要なのだ。その意味では、「信じる」という行為は「認識する（知る）」という行為とは質的にまったく異なるものとして措定されて来なければならない。仮に、はっきりと今日の日付が七月一四日であると確認した後に、「私は今日は七月一四日であると信じる」とは言わない。「今日は七月一四日であると知る」と言う。

これらは、ヴィトゲンシュタインが言語ゲームという考え方で指摘しているように、言葉の意味が、発語に付随する行為や動作によって、意味として構成されるということを裏付けている。この場合、意味は言葉同士の関係によって規定されているのではなく、まさに七月一四日と確認したという動作によって規定されている。「信じる」と「知る」はこのように決定的に異なっている。（注、そうだとすれば、「信じる」という動作はヴィトゲンシュタイン的な言語ゲームの中に存在するものであり、信じられるべき対象も共に言語ゲームの内部に存在するのである。）

史的イエスの復元作用は、「知る」あるいは「認識する」という動作に関係するものではあっても、「信じる」という動作に関係する接点が史的事実のうちに内包されているのではない。ブルトマンはこの点をあらかじめ理解していたのである。彼は、史的イエスを実存論的に解釈する。史的なものから出発することが、同時に実存論的な今という状況への関わりの中で、テキストを読解する作業であるということを踏まえていたのである。よって、史的イエスの復元が為された暁に、やっと「信じる」という動作に入りうるかどうかが問題となるというようなものではない。史的イエスの復元とは、結局、今の状況下で行われる福音書の読解でしかないのだ。

すなわち、歴史的真実であったから「信じる」、あるいは、歴史的真実でなかったから「信じない」というようなものでもなく、あらゆる観察が、観察の主体の影響下に対象物が置かれてこそ成立するように、史的イエスはすでに事実性としては意味をなさず、読み手である者に対して、その事実性から、何を指針として感受するかが問いかけられてくるのである。その意味でも、すでに述べたように、事実性の意味は読解と解釈の中に存在するのである。

逆に、事実性が仮に純粋な裸の事実性として解明されるものだとすれば、すでに「信じる」ということではなく、「知る」ということでしかなくなっていることを忘れてはならない。「信じる」ことと「知る」ことの区別が曖昧にされてはならない。このように書いたからと言って、私の立場は曖昧なものを曖昧なままで、そのまま信じることが信仰だなどと言いたいのではない。また、もし、「知る」ということが叶えられたとしても、結局、同時的かつ自動的に「知る」から「信じる」へと移行できるものではなく、一切の意味は読み手の内に生起するのである。

シュトラウスが『イエス伝』（"Das Leben Jesu" vol.2, 1835）を書いて、キリストの聖典的理解に対して否を唱えたことは有名であるが、彼は序文で、イエスについての彼の考察は何ら信仰には影響を与えるものではないという奇妙な意見を平然と述べている。彼はキリスト教の本質は自分が行っている批判とは全く独立したものであると言う。キリストの超自然的な誕生、奇跡、復活、昇天はその史的事実性においてはいかに疑い得るものであろうとも、それらは永遠の真理であり、イエス伝の教義的意義は犯されることがなく、これによってキリスト教信仰になんら侵害する恐れもないと述べている。

しかしながら、彼のこのような弁は容認されなかった。彼のこの著作は、宗教批判をヘーゲル学派の中に起こし、その分裂を引き起こすこととなった。そして、やがてはヘーゲル左派による宗教批判が登場した。ドイツではシュトラウスから、さらに、フォイエルバッハによる「神学は人間学である」という見解が持ち上がってくることとなった。

宗教の教義をただ史実性からのみ検証するのではなく、それを生み出した思想的背景から考察することは、フォイエルバッハの言うように、神学を人間学としてとらえることとも通底する。また、福音書が神話的なものであることを正面から認めるとしても、神話であるがゆえに拒絶されるものではなく、むしろ神話であるからこそ、そこに潜む人間の存在が問題となるのである。

五　方向性への模索

福音書の中には、伝統的なケリュグマのイエスと史的イエスという二人のイエスが同居していると考えることができる。この二つのイエス像を、一つのイエス像として同じ焦点上に重ねることはできないことなのだろうか。

史的イエスという考え方そのものを断念することなく、伝統的な教義の中にのみ閉じこもるのでもなく、今日的な社会の状況と対話しつつ、いま何が教義の中で選択されるべきであり、何が淘汰されねばならないかを冷静に模索することはできないのだろうか。

たとえば、神学の一つの分野となっているエコロジーの神学があるが、この分野の神学は、とらえようによっては、ある意味できわめて護教論的ですらある。エコロジー問題という二〇世紀末から深刻化した問題について、すでに二千年ほど以前に書かれた聖書という文献の中に存在する記述から、何らかの指針を見つけだそうとする点においては、きわめて時代錯誤的である。そして、キリスト教の教義にある種の調整を行いつつ、聖書からその問題の対処や解決を見つけようとする。規範としての聖書を意識しながら、現代の問題への解答を求めようとしている点では、非常に保守的にすら思えるのである。更なる教条的なものを作り上げるのではなく、時代の問題を認識しながら、聖書のテキストが提起する問題を、現代のわれわれの直面する問題にぶつけながら、動的な行動のあり方を問うことが必要である。

ここで報告したいことがある。それは、一九九八年の夏に日韓URM協議会が京都で開催された時のことである。私もメンバーの一人として参加し、韓国の牧師たちの発言を聞くことができた。その中で、ある韓国の牧師から、特にエコロジーの視点に立って聖書を再解釈する必要性がクローズアップされていた。

その発表に対して、韓国の別の牧師が、伝統的な教義との整合性はどう考えられるのかという問いを発した。要するに、発表の内容をそのまま受け入れていくとすれば、これまでのキリスト教の伝統的な教義との合致が問題になるというのである。議論の流れは、この点に関してよりも、むしろ、何を我々がエコロジーの実践として為していくべきかということの方へ傾いたが、旧来の教義との整合性という点の指摘は非常に重要なものであったと思う。

この問題を掘り下げていけば、現代のキリスト教は伝統的教義の修正を為す権限を所有するかという問題におのずと行き当たると思う。信仰の担い手の主体性が、現代のキリスト教によって実践されるものであるとすれば、教義の修正の権利も委ねられているのかという問題に、どうしてもぶつかるはずである。宗教改革におけるキリスト教の変革は、あくまでもカトリックという権威に対するものであったし、その改革では、対カトリックという枠のようなものが根底では意識されていたと思う。

しかし、現代においては、少なくとも日本のプロテスタント教会では、カトリックとの関係というようなものはあまり意識されず、むしろ、変革に際しては、自派の伝統との関係が意識されていると思う。

たとえば、ピーター・シンガーの指摘によれば、「産めよ、増えよ」という創世記の言葉の実践は科学文明をともなう人類の歴史に、結局のところ破綻をもたらしているという（参考文献、ピーター・シンガー著『生と死の倫理……伝統的倫理の崩壊』昭和堂、一九九八年）。もし、仮にこのような主張が正しいのだとすれば、キリスト教がエコロジーの神学を実践するためには、二千年にわたって保持してきた教義の是非にまで突き当たるかも知れない。伝統的な骨格にあたる部分を修正する必要が生じてくるのではないだろうか。もし、そうだとすれば、教義が人間の生み出す思想でしかないということを自明のこととしつつ、人間が教義や聖書の文言に手を付け加える権利を有することが確認される必要が生じるだろう。あるいは、解釈の変遷の確認をどこかで為さねばならないだろう。

その意味では、信仰や宗教というものの絶対性は、もはや維持できないところまで来ているとは言えないだろうか。あるいは、伝統的な教義を尺度とする信仰の時代は終わり、信仰それ自体が今なお動いているものであるという捉え方に立って、信仰の対象として絶対化されて来たものは教義なのではなく、教義はただ絶対的なものを言い表わすために人間が措定したものにすぎず、絶対的なものは人間の生きる状況の中に存在するということを確認する必要があるだろう。そして、信仰の対象である神は、人間がもたらした事象としての教義とは質的に異なることを、どこかで認める必要があると思う。キリスト教という宗教のコンテクストそのものが、状況の中で変化しうるものであることを認めねばならない。

この点に関して言えば、一九六〇年代に提唱された状況倫理はいま一度再考されてしかるべきかも知れない。当時、状況倫理はキリスト教の教義をどう扱うかという教会論的な問題にまで発展せず、極めて実存的な信仰の問題として、いわば実存的倫理として関心を集めていたが、今日では、更に教会論的な視点に絡めて再考されるべきだと思われる。直接、キリスト教の神学をベースとしない生命倫理学の分野の中で、今日において、一つの視点として、状況倫理が注目されているのも偶然ではないと思うのである。しかし、キリスト教神学として、今一度、状況倫理を考えるならば、あくまでも、規範としての倫理の絶対性への批判と教条化への批判がそこに忘れられてはならないと思う。

教義の絶対化ではなく、信仰内容の変遷を積極的に認めるべきなのは、教義的コンテクストが状況と時代の中で変化するからである。また、中南米の政治的状況から生まれたカトリック神学である解放の神学においても、同様の問題が生起するであろう。あるいはフェミニスト神学、これはパウロ書簡にある女性蔑視の部分や創世記の女性を男性の助け手として見る部分をどう扱うかという問題を提起せざるを得ない。そして、教義によって、教義を上塗りするのではなく、なぜ、歴史的にそうなって行ったのかという問題の本質が問われなければならない。

たとえば、日本では残念ながらあまり知られていないが、インドのダリット解放の神学においては、アウトカーストとされる人々の解放の視点から聖書の理解がなされる。そこではイエス・キリストはダリット（抑圧された人々）の階級の人として理解される。こうした自由な考え方を、教義の修正として理解すれば、教義は絶対ではなく、絶対性は常に時代の中で移行しているのである。

以下に、一九九六年に日本キリスト教団部落解放センターの谷本一広牧師の案内で、インドのタミール・ナドのダリットの村々を訪問した際に、ルター派のタミール・ナド神学校教授であるラビア博士よりうかがったダリット解放の神学に関する見解を記しておきたい。これは「ダリットの問題をいかにキリスト教のコンテクストにつなごうとするのか？」という私の問いに答えていただいたものである。

＊

日本の教会からダリット解放運動のために献金をしていただけたことを感謝しています。私自身がダリットであるという立場から、しゃべりたいと思います。私の父は教師でした。そして、初期のダリット解放運動を始めた人物たちの一人でもありました。そのような父から受け継いだ考え方でもありますが、まず、私はクリスチャンであり、牧師であるかぎり、ダリットの人々の解放を唱えることは義務であると思っています。そのような解放は、インドという広大な国の中で、トータルでグローバルな運動として展開されねばなりません。

ダリットである人々にも様々な職業の人々が存在します。主に靴職人、家政婦、農民などです。このような人々の苦しい生活や闘いを目の当たりにしつつ、私はなお、神がダリットに癒しを与えようとしておられることを感じるのです。これは文章にしたり、口で上手く言えるようなことではなく、まさに経験を通して感じる実感です。そのような経験が基礎となって、ダリット解放の神学ができあがっているのです。

ダリット神学は経験を基礎とする神学です。仕事もなく、食べ物もないというダリットの体験こそ、この神学の基礎となっています。このような過酷な状況の中で、神は何もお与えにならないのか？　そのような問いから出発し、ダリットの人々と共に闘う中で、ダリットの経験を神学化することが可能となります。よって、ダリット神学は机上の学問ではありません。人々にどのような影響を与えうるのかというところに、神学の意義があるのです。実践する神学（Doing Theology）は経験を基礎としながら、さらにそれ以上のものを志向するのです。

私は西洋の神学を学んだことはありますが、それをあまり信用していません。そのような西洋のコンテクストは、黒人や民衆、アジアの問題、そしてインドの問題とは大きく異なるものだからです。通常、キリスト教会の教義は西洋の文化の影響下にあります。また、カール・バルト主義でさえも、西洋の文化から出てきたものであると考えられます。

だが、今や、そのような西洋の神学から学ぶ時代は終わったと思います。たとえば、映画の中で、クリスチャンがクリスマス・カロルを教会で歌う場面があるとします。そこでは背広、ネクタイの人物が登場することでしょう。そのようなキリスト教のイメージ自体が西洋的以外の何ものでもありません。また、礼拝の形式でさえ、非常に西洋的であると言わねばなりません。ダリット神学では、インド固有のコンテクストにおいて聖書を読み、神による歴史的解放が今なおインドのダリットを通して継続していると考えるのです。神は今なお解放のために働いておられるのです。

インドではキリスト者は多くはありません。ダリット・クリスチャンと言えば、もっと少ないと言わねばなりません。インドの最高位カーストであるバラモン階級は、彼らなりの立場からヒンズー主義を主張しています。そして、彼らには、彼らの神があるように、ダリットにはダリットの神が存在すると言わねばなりません。それぞれの立場から神について考えているということの一例に、たとえば、イエスでさえ、ユダヤ人であったにもかかわらず、西洋のコンテクストにおいては白人美男ということになってしまっています。インドでは、ダリットはキリスト教会のカテドラルにも入れてもらえないというのが現状です。しかし、神はそのような中で、人間の誰に対しても平等な方であると考えます。

原始キリスト教において、イエスが神であるとする考え方が生まれてきた頃、神は唯一であるというユダヤ教の伝統から、人間であるイエスを礼拝することはできないという立場も出て来たと考えられます。そこで、キリスト論が論じられるようになり、更に聖霊論も加わります。やがて父、子、聖霊という三つなる神は、三位一体という教義において整理されました。しかし、ダリット神学では、イエスを人間として受け入れます。すなわち、神は人間であり、男であり、女でもあるのです。神とはすべての人間存在なのです。先祖礼拝についても、それはまさに唯一神論の中に融合されうるものなのです。自然や動物、すべての命あるものは唯一なる神から出ているのです。そして、イエスはけっしてダリットの苦しめる状況をお赦しにはならないでしょう。

西洋の宣教師たちについて少し付け加えておきましょう。彼らはインドに来て、学校や病院などを建てました。しかし、それはダリット・クリスチャンからすれば、少し違和感を感じるのです。彼らの目的は、ただインド人をクリスチャンにしようということでしかありませんでした。

結果的には、高位カーストであるインド人をクリスチャンにしたということでしかありません。その結果、インドのキリスト教会の大半は高位カーストのためのものにしかなりませんでした。ですから、ダリット神学はそのような教会に対しても訴えて行かねばなりません。そして、ダリットの教会は、われわれダリット自身の教会として発展する必要があると思います。神はダリットの状況の中で働き、生きておられるのです。そして、ダリット神学は、現在の我々の状況に於いてこそ形成されるべきものなのです。福音は貧しい人々を解放するものなのです。それぞれの状況において、それぞれの神学が形成されねばならないということです。また、日本においては、独自な部落解放の神学が形成されますように願うものです。

以上は筆者が取材したものを邦訳したものである。インドでは、たとえば日本円で一〇万円もあれば、二、三名のダリット学生が神学校で生活して一年間学ぶことが可能である。ダリットの人々のための教育や運動には、インド人にとっては大変な資金を要するものであるが、日本の貨幣価値からすれば、それは支援が可能な程度のことと言える。両国間の交換留学も提言されていた。さらに今後、日本からのダリット解放運動への支援も検討されねばならないと思う。（注、ダリット問題については、本書の三章四節でも扱ったので参照されたい。）

六　史的イエスから新たな宗教性へ

本来、史的イエス探求は、神学の作業として、真理への飽くなき追求心をもって行われたと思われる。そして、現代では被差別の側に立つイエス理解もあれば、フェミニスト神学のイエス理解もある。それらは可能な限り史的イエスをベースとして組み立てられている。

これは現代人が求める神の像、あるいはイエスの像を、史的イエスをベースに組み立てている作業であると言える。だが、それは史的イエス研究から出されたイエス像そのものではなく、あくまでも現代的関心が史的イエス像の上に重ねられて組み立てられていると言えるだろう。

史的イエスの正確な復元という意味では、それはすでに、ブルトマンやシュバイツァーによってその限界が指摘されていた。それゆえ、様式史研究はどうしてもその限界を見据えねばならなかった。史的イエス像に接近しようという願望は、グラフ上の軸に限りなく接近しようとする漸近線のようなものでしかない。史的イエスそのものに至るには、イエスに関する資料が限定されているし、福音書自体が史的イエスを伝えるために書かれたものではなく、各福音書記者が関係していた教団の思想を意図的に反映しつつ書かれている。ゼロ点としての史的イエスそのものに到達しようとする漸近線は、それはどこまでも漸近線でしかない。フェミニスト・イエスであろうが、被差別の側に立つ解放のキリスト・イエスであろうが、それは現代の問題意識の中から生み出されてくるイエスへの憧憬を、現在、知り得ている史的イエス像に重ね合わせているにすぎないのである。

しかし、断っておかねばならないのは、史的イエスの解明が現代では不可能であるということが、そのまま宗教性の断念ということには直接つながらない。なぜなら、史的イエスに関する断片情報をもとにして、各福音書が書かれたのは、各福音書記者らが持っていた宗教性がそれぞれの福音書において表現されていると言えるからである。すなわち、宗教としてのキリスト教は、イエスの出来事という歴史的事象を基点にしてはいるが、歴史的事象というものは、たとえそれがいかに事実であったとしても、後代にはテキスト化されたものとして伝達されるのであり、その事実を感受する実存の中でしか意味が生起しないのである。

また、キリスト教の歴史を考えてみると、史的イエスに無頓着な時代の方がはるかに長かったとも言える。たとえば、ニケア信条の制定は史的イエスの放棄でもあったし、また、パウロが書き上げた書簡においても、イエスの人間的側面はほとんど論じられることもなく、ひたすら十字架による購いが宣教されたことも、いわば史的イエスの放棄であったと言えるだろう。もっとも、史的イエスという観点すらなかったのだろう。それと同様の意味で、カトリック教会はプロテスタントからすれば、聖書に記されていない内容の教義など（たとえばマリヤ崇拝など）を持っている。

このように、史的イエスにのみ宗教性が求められねばならないというものではけっしてなく、むしろ、史的イエスにキリスト教の原点を見出そうとすることも、数あるうちの一つの宗教の組み立て方と言わねばならない。これは、ルターの宗教改革が「聖書に帰れ」という新たな宗教性を提唱したことに端を発している。しかし、それもまた、新たなる宗教性の再構築でしかなかったのである。

たとえば、パウロ主義を純宗教的なものとして理解しようとしても、彼の思想がローマ帝国を背後に意識していたものであるのは疑いようがない。パウロにおいては、ローマ帝国への服従が民衆に要求されていたし、彼の思想もまた、時代という大きな構造の中で組み立てられた一建築物、あるいは構造でしかなかったのである。そこから今日にも通用するキリスト教の絶対性を主張するなどということは、とうてい不可能である。

史的イエスもまた、幾重もの意味でその限界を持っている。研究上の資料的限界、更に、テキストとしての歴史的事実に対しては、誤解作業を通して、出来事に対する客観的態度をいったん取らねばならなくなる。さらにテキストに対する解釈（意味付与）という行為を行うという関係性の中に人は置かれるのである。それゆえ、史的イエスを原点とするあり方は、必然的に現代の宗教性の構築の数あるうちの一つのあり方でしかない。

個人的著書としての福音書

福音書の執筆が手がけられた時点で、すでにエクリチュールによる伝達が選択されたのであり、そこでは史的イエスからの離脱がすでにともなっていたと考えられる。また、四福音書が聖典としての地位を与えられた時点にも、史的イエスというものはさらに断念されたと見ることもできる。四福音書のそれぞれの特徴や異同は無視されつつ、それでも一つの聖典として聖書が編集されたということは、イエスの出来事に関する各福音書間の互いに食い違う証言が和解させられたとも言える。もっとも、当初から史的イエスというものは、まったく意識されていなかったのかもしれない。だが、いずれにせよ、そこでは各福音書の持つ特徴は置き去りにされたのである。

各福音書は聖典として扱われ、互いに並置されたことによって、それらがおのおのの記者という個人の執筆物から、教団の書物へと質的には変化したのである。しかしながら、本来、各福音書はある一定の集団の中で通用する書き物でしかなかっただろう。各福音書はそれぞれに記録であり、また、記者の関与する宗教集団の思想的集成であった。たとえば、いくらルカ福音書が歴史的事実に忠実に書かれたなどと言っても、やはり、それは意図的にルカの主張が織り交ぜられたものでしかないし、他の福音書も同様である。

たとえば、最古の福音書であるマルコ伝が書かれたのは、紀元五〇年以後であると考えると、イエスの死後二〇年以上経過している。これが書かれた理由と想像されるものの一つとして、イエスの出来事の目撃者がしだいに歴史の経過と共に世を去って行き、そのリアリティーを語り継ぐ言葉の消失をくい止めることにあったと考えられる。よって、Q資料や原マルコの執筆が起こっただろう。そして、これらにさらに教団の主張が加味され、イエス伝が書かれたと言える。そうすると、マルコ福音書が書かれた当初は、あらかじめそれが神の言葉としての聖典的性質を保持していたのではなく、イエスに関する記録としての意義と、教団の思想の集成という意味が少なからず先行したと思われる。

福音書を神の言葉として聖典化する過程は、それ以後のキリスト教の行ったことである。人間の手を通して編集されたものが、聖典への質的な変化を遂げるためには、書かれた経過の忘却があったと思われる。あるいはそれは積極的な忘却であったかも知れない。人間の手を通して書かれたものが、神の言葉となるという質的変化がそこには介在するのである。それは、現代のキリスト教団が教団としての決定事項を、あたかも神の意志によるものであるかのように権威づけるのと同様に、各福音書が読まれていた各々の宗教集団において、きわめて自然なこととして招来したのかも知れない。ここで、重要なのは、そのような質的変化が人間の歴史の中で、作為的であれ、不作為的であれ、行われてきたという事実である。この事実が欠落して、聖典が聖典化以前に聖典であったというわけにはいかないし、そのように言うには、まるで天使がそれを書きました、と言わんばかりの話をしなくてはならなくなる。

すなわち、宗教は人間によって組み立てられるのである。ただし、そのような組み立てを人間が行おうとする理由は、人間を超えたものへの憧憬と、それを表現しようとする思いによるのである。そして、そのような人間を超えた見えないものの存在を、人間は神と名付けたのであり、その神との接点を築く営みとして宗教儀式が行われたのである。

共同体規範としての福音書

ナザレのイエスの死に直面した人々が、福音書の記述に拘束されるということは、クロノロジカルな意味においてもあまりなかっただろう。まず、彼らがイエスと出会った時代には、言うまでもなく、新約聖書が書かれてもいなかった。また、福音書が誕生し、それが聖典とされたのも、時間的にはもっと後の事である。中には、イエスの目撃者であり、かつ福音書が書かれた時代まで生きた人もいたかも知れない。しかし、各福音書が書かれた当初から、聖典性を持ち合わせていたとは考えられない。仮に、もしそれらが聖典としての権威を当初から保有していたのだとすれば、福音書は明らかにそのような権威に裏付けられているということを、もっとあからさまに見せつけていたことだろう。例えば、ルカは冒頭の献呈の辞で、他の福音書よりも正しく順序立てて書き連ねたと主張しているが、それは聖典性を主張しているというのではないと思われる。

マタイ福音書ならマタイ教団の中で、あらかじめ聖典としての性格を与えられて書かれたものであるのかどうか、あるいは聖典性は後世に付与されたものにすぎないのか、この事は更に考えてみる余地があるだろう。だが、それが当初から聖典として書かれたと考えるには、それら各福音書は規範としての機能よりも、むしろ、イエス伝を記したものとしての機能があまりにも先行している。いかなる共同体においても、規範性のある法的な共通理解が、個人を超えた規範として承認され、やがてはそれが聖典的地位を獲得すると考えられる。それを書き上げた集団自身にとって、たとえ、それが人間的な手を経て書かれたことが自明であったとしても、その内容において、個人を超えた共同体的通念が反映されていることによって、それは規範であり、聖典ともなり得るのである。しかし、福音書は当初からそのような役割を担ったというよりも、むしろ、それはイエス伝でしかなかったのである。使徒言行録に登場する人々が、歴史的にもまだ福音書というエクリチュールを介さずに信仰を構成していたように、福音書の執筆時代のキリスト教も、福音書を聖典として信仰を組み立ててはいなかった。

パウロ書簡のような文章に関しても、パウロが書いたものであるという理由だけで、そのまま聖典とされたとは考えられない。それらはやはり手紙でしかなかっただろう。なぜなら、言うまでもなく信仰の対象はパウロではなく、イエス・キリストでしかなかったのであり、パウロの書簡はあくまでも信仰の手引き以上のものではなかっただろう。ただし、時間が経過すると共に、次第に各福音書がさらに神格化されていったことは十分想像できる。

現代の教会においては、聖書は神の霊感によって書かれたものであり、それらは神の言葉であるという考え方が聖典理解に付与されている。しかし、これは少なくとも各文章が書かれた時には存在しなかったものと言えるだろう。さらに言えば、たとえば、ルカは自らが手を下して書いたということを福音書の冒頭で表明しているのであって、書いたのは神であるとは言わない。書かれたプロセスそのものを、神話のベールで包んで神格化しようとする意図は見いだせない。

すでに述べたように、もし、福音書に聖典としての絶対性が付与されるには、法規範性によって絶対化される以外に経路はあり得なかったであろう。また、書かれたプロセスを神秘的なものとして主張するには、その文体はイスラム教のコーランのように、直接話法的に神の言葉あるいはイエスの言葉のみが記されるべきであっただろう。だが、そのようには為されず、物語としての構成を福音書は採用したのであり、このことは福音書があらかじめ神の言葉を記した聖典として書かれたという可能性を自ら打ち消しているのである。

後代の教会が、聖書は無謬の書であると主張し、それが神によって書かれたものであると主張する段階に至るまでに、歴史の経過が必要であったが、これらの諸段階を経て現代がある。そして、福音書は個人の著作物から聖典となった。すなわち、紛れもなく、共同体の書となったのである。しかし、さらに慎重に考えるならば、次のような点も問われうる。共同体が各福音書を書き上げたのか、それとも個人が書いたのか？　この点は福音書そのものが、権威あるいは共同体規律としての意義を内包していたのかどうかということに関係する。

一般的には、各福音書は個人的なイエス追想録ではなく、個別の教団の存在が背後にあって書かれていたと考えられている。イエスの事実性よりも、共同体規範としての存在意義が、福音書においては前面に押し出されていたと思われる。福音書はイエスの事実性の報告であるよりも、共同体の思想を擬制することに目的があっただろう。そして、各福音書はそれぞれに於いて差異を持っていたが、いずれかの単一の福音書の中に留まり続ける限り、他の福音書との矛盾は、現代のように、見えて来なかっただろう。

だが、現代においては、聖典とされている福音書だけでも、四つが並存している。各福音書のイエスの言動においても、相違点が生起してくる。その差異をあえて止揚する作業は、各福音書を一括して聖典としたことで止揚されたと言うわけには行かない。かと言って、そのうちのいずれをイエスの思想そのものとして、最も採用するに値すると判断すべきかというような問いの立て方では、何も見いだせないだろう。また、史的イエスを断念するとしても、さらに現代のキリスト教の指針をどこに見いだすべきかという問いは残る。

新たな方位へ

様式史によって、史的イエスを探求することは限界に突き当たり、史的イエスに関しては判断を保留せざるを得ないことが、神学者のシュバイツアーによって指摘されたりもした。そして、編集史的研究が導入されるに至った。それは史的イエス研究の限界と共に、必然的に出てきた方向性である。福音書記者らがイエスの出来事をいかに記述し、編集したかということを考察することで、原始教団の思想を解明しようとするものであった。

次なる方法として、構造主義的な研究が進められてきたが、これにおいては、物語としての福音書の構造等が分析され、読解が進められた。

史的イエスに絶対性を見いだそうとしたことは、キリスト教という宗教の原点を、伝統的な教義のイエスから、歴史に生きた人間イエスへと置き換えようとする意味を持っていた。だが、その試みもまた、本来相対的なものしか見いだせなかったのは言うまでもない。絶対性を宗教は常に意識し、それを見出そうとする。その意味では、史的イエスもまた、絶対性への憧憬に後押しされていたのかも知れない。

史的イエスにせよ、ケリュグマのイエス、パウロの十字架信仰、ニケア公会議以降の三位一体論的信仰にせよ、それらは等しくキリスト教の絶対性を主張するためのメタファーでしかなかったのである。史的イエスでさえ、それはテキストとしての意味しかもたらさないのであり、読解する側の存在がそこにあってこそ意味として成立するのである。史的イエスであろうが、何であろうが、等しくテキスト化されたものとして現前するものである。たとえ、史的イエスがどのように実像を提供したとしても、やはりそれはテキストとしてしか存在しない。本来、キリスト教は宗教的悟りを求める自己変革型の宗教ではなく、教義を受容することによって、救いを受けるという類型の宗教であるがゆえに、まずテキストの受容で始まるのである。テキストの中に記された、いかなる歴史的事象であろうが、受容する側の意味構築作業、すなわち解釈と受容という作業がそこに存在する。

キリスト教という宗教は、その解釈と受容によって構築される。そして、読解者がテキストに意味付与を行うのである。すなわち、時代のコンテクストに応じて、それぞれにイエスを描くのである。このテキストへの意味付与とは、読解であり、解釈である。このような新たなる意味付与作業が存在しない読解は存在しないであろう。そして、新たなる意味付与の限界を措定しているものこそ、テキストそのものなのである。

では、キリスト教の教義、あるいはテキストとしての聖書を修正することは、われわれには可能なのだろうか。歴史の中で編集されて、一つの聖典として聖書が生まれたということは、聖典が取捨選択されて来たということであり、理屈の上では、編集することは現代においても可能と言えるだろう。ただし、教義で教義の修正をするのではなく、あらゆるエクリチュールの限界がそこに意識されねばならない。

新しい宗教性を求めて

教義とは本来、われわれの言語におけるカテゴリのようなものである。「Aは何々である」という表現のように、主語Aを表すには常に述語、すなわちカテゴリが必要となる。同じく、神という主語を表わすためには、述語としての教義が必要となる。教義は神そのものではない。だが、教義がなければ神を表現することはできない。聖書の言葉も同様である。それは神そのものではないが、神を表現するために不可避である。よって、教義、あるいはテキストとしての聖書には、本来、その指し示すものとしての主語が存在する。テキストの向こう側に存在している神は、テキストを介在させせない場合には、言語によらない感受という仕方でしか受容できない存在となる。そのような受容は、言語を超えた、すでに理性による認識とは言えない領域での体験的なものとしてしかあり得ないことになるだろう。

こうした視点から、福音書の主張の違いを考えるならば、四福音書は神という絶対的な創造者に向かって、異なるコンテクストから発語したというふうに言えるだろう。その意味では、聖書のテキストは、神を主語とする二次的な記述であり、カテゴリである。いわば、聖書と神との関係は、写真のネガと被写体の関係のようなものである。ネガとしての聖書、それは被写体である神を写し取ろうとしたものに過ぎない。

写真は撮るたびに異なるネガを生むが、被写体は変わらずそこにあるように、聖書の文言や教義がいかにあろうと、神は神である。よって、神学は神についてのことがらのテキスト化であると言える。写真においては、被写体に向けてシャッターが切られるように、テキストにおいても、われわれの言葉でわれわれの語りによって神が表される。そして、その読解においても、我々の状況の中で、テキストとしての聖書の中に神を読み取ろうとする。

社会問題とキリスト教の救いを切り離すことなどは論外である。状況の中に神は現存するのだから。そして、聖書の言葉も教義も、常に状況の中で検証されねばならない。ここで、ヴィトゲンシュタインの言語ゲームという言い方を借りるならば、聖書の言葉の意味も、われわれの言語ゲームの世界に於いて意味を成している。われわれとの関係性の中にそれは存在している。

宇宙の存在がわれわれの存在なくしては、たとえ宇宙としては遍在しても、われわれから論じられる意味として現前することは無いように、意味とは関係のことであり、神もまたわれわれとの関係の中に立たれる。そして、神について語る聖書の言葉の意味は、われわれの状況と時代、個別の実存との関係の中に在る。歴史を生きる神と現実を生きる人間の場、そこに聖典を越えるリアリティーが存在している。

あとがき

本書の執筆を終えて、ふと思うことがある。パウロ書簡は問題性を含んでいると思うが、それらをパウロなる人物が手紙として書いたに過ぎないのだとすれば、それを聖典化したことについては、パウロという一人の人間にとっては、あずかり知らぬ事柄であるのかも知れないということである。もっとも、パウロが活躍した時代における彼の権威を想像するならば、現代の携帯電話の短いメールのように、書かれては消され、読まれても消されていく類のものでないことは言うまでもないが、それをどのように位置づけ、どう読み、どう扱うかということは、パウロ書簡自体の問題性である以上に、現代のキリスト教の問題性でもあると思う。

そこで、特にパウロの奴隷制や女性に関する問題発言箇所、及び国家権力理解の問題箇所については、いっそのこと、聖書に注釈を付けてしまってはどうかと思う。問題部分について解説を付すという作業を行えないものだろうか。それには念入りな検討と十分な討議が必要となると思われるが、現段階では、ともかく問題部分を示すくらいの注が付けられてもいいのではないかと思う。例えば、賀川豊彦の『貧民心理の研究』に解説が付されているように、聖書も同等の処置がなされて当然であると思う。聖書の語句の差別語、不快表現等の表記が改められている現代において、どうして、このような当たり前のことが、聖書に関しては提言されていないのか、不思議と言えば不思議ですらある。

ところで、ヴィトゲンシュタインは哲学を否定するために『論理哲学論考』を書いた。同じように、神学を否定するために神学的な書物を書くつもりが、凡夫の営みが彼のように行くはずもなかった。かえって余計に、自分の中に課題ばかりを生み出し、迷路の中に一層足を踏み入れてしまったようである。

それでも、私の聖典からの脱却は、本書を書き上げて、一つの方位を見出している。宗教体験という方位を次には探求したいと思う。

堀　剛

二〇〇二年八月十五日

堀　剛（ほり　たけし）
四国学院大学文学部　教授
1953年　大阪府吹田市生まれ。
同志社大学大学院神学研究科博士前期課程卒業、大阪にて８年間、牧師として働いた後、英国シェフィールドのUrban Theology Unitにて１年間、都市産業問題を学んだ。後、イェール大学大学院（S.T.M., Yale Divinity School）卒業。帰国後、５年間の教会牧師と大学での教鞭を経て、1996年より四国学院大学に着任。

現代社会とキリスト教

2002年10月25日　初版第１刷発行
2004年３月31日　初版第２刷発行

著　者――堀　　剛
発行人――松田健二
発行所――株式会社社会評論社
東京都文京区本郷２-３-10
☎03(3814)3861　FAX.03(3818)2808
http://www.shahyo.com
印　刷――一ツ橋電植＋平河工業社
製　本――東和製本

ISBN4-7845-1424-4

ポルトガル・サッカー物語

●市之瀬敦

四六判★2000円

「黒豹」の異名をとったW杯得点王から、各国強豪チームで活躍する名選手たちまで、栄光と挫折のサッカー史が“小さな強国”の現代を照らし出す。村上龍さん推薦！

(2001·8)

サッカーの情念

サポーターとフーリガン

●パトリック・ミニョン／堀田一陽訳

四六判★2600円

あのサッカーの情念（パッション）はどこからくるのか。イギリスとフランスの二つの典型を通して読み解くフーリガニズムとサポーター活動など、サッカーの文化・社会史。

(2002·3)

クレオル文化

社会思想史の窓

●石塚正英編集

A 5 判★2200円

21世紀はホモ・モビリスタ（移動する人）の新紀元となる。異文化接触は文化のクレオル化をもたらし、さまざまなアイデンティティが歴史を動かす。いま注目されつつある〈クレオル文化〉の総合研究。

(1997·5)

世界史の十字路・離島

社会思想史の窓

●石塚正英編集

A 5 判★2200円

シチリア、ハワイ、キプロス、チモール……。民族や言語、宗教などが交錯する世界史の十字路＝離島に焦点をあてる。ボーダーレス時代の離島の社会史的解明。

(1998·4)

ハワイ　太平洋の自然と文化の交差点

●津田道夫

四六判★2000円

島々の自然と生物、先住民の生活と文化、多民族が共生する歴史。ハワイ旅行が楽しくなる情報満載。写真多数。

(1998·7)

アフリカの街角から

ジンバブエの首都・ハラレに暮らす

●佐野通夫

四六判★2200円

アフリカ南部の中央東側にあるジンバブエ。イギリスから独立したこの国に暮らした植民地教育の研究者が目にしたこと。写真多数。

(1998·5)

子連れで留学 to オーストラリア

●佐藤麻岐

四六判★1600円

子どもがいても自分の可能性は捨てられない。壁を破って現状から抜け出したい……と、4歳の娘を連れて留学を決意。数々の難関を越えて体得した準備と手続きのノウハウ、留学生活体験とエピソードを満載。

(1996·12)

海外で学んだ生活の知恵

●内田大和

四六判★2200円

海外企業との技術提携と商品市場の開拓のため、26年間にわたり35か国を100回以上も、海外旅行を体験した著者。外国での痛快な生活をおくる方法、仕事をもっと楽しむためのエピソードが満載。

(1999·8)

空の民《チャオファー》の子どもたち

[ちいさなところから世界をみつめる本]①

●安井清子

四六判★2000円

ラオスを追われた抵抗の民＝モンの子どもたちと、日本人ボランティア女性とのタイ国境難民キャンプでの豊かな出会いの日々。吉田ルイ子さんすいせん。

(2001·1)